CORRUPÇÃO
O Mal do Século

JORGE WASHINGTON
DE QUEIROZ

CORRUPÇÃO
O Mal do Século

**ENTENDER PARA VENCER O MAIOR
CRIME CONTRA A SOCIEDADE**

ALTA BOOKS
EDITORA
Rio de Janeiro, 2018

Corrupção: O Mal do Século — Entender para Vencer o Maior Crime Contra a Sociedade

Copyright © 2018 da Starlin Alta Editora e Consultoria Eireli. ISBN: 978-85-508-0291-6

Todos os direitos estão reservados e protegidos por Lei. Nenhuma parte deste livro, sem autorização prévia por escrito da editora, poderá ser reproduzida ou transmitida. A violação dos Direitos Autorais é crime estabelecido na Lei nº 9.610/98 e com punição de acordo com o artigo 184 do Código Penal.

A editora não se responsabiliza pelo conteúdo da obra, formulada exclusivamente pelo(s) autor(es).

Marcas Registradas: Todos os termos mencionados e reconhecidos como Marca Registrada e/ou Comercial são de responsabilidade de seus proprietários. A editora informa não estar associada a nenhum produto e/ou fornecedor apresentado no livro.

Impresso no Brasil — 2018 — Edição revisada conforme o Acordo Ortográfico da Língua Portuguesa de 2009.

Publique seu livro com a Alta Books. Para mais informações envie um e-mail para autoria@altabooks.com.br

Obra disponível para venda corporativa e/ou personalizada. Para mais informações, fale com projetos@altabooks.com.br

Produção Editorial Editora Alta Books	**Gerência Editorial** Anderson Vieira	**Produtor Editorial (Design)** Aurélio Corrêa	**Marketing Editorial** Silas Amaro marketing@altabooks.com.br	**Vendas Atacado e Varejo** Daniele Fonseca Viviane Paiva comercial@altabooks.com.br
Produtor Editorial Thiê Alves	**Assistente Editorial** Illysabelle Trajano	**Editor de Aquisição** José Rugeri j.rugeri@altabooks.com.br	**Ouvidoria** ouvidoria@altabooks.com.br	
Equipe Editorial	Bianca Teodoro	Ian Verçosa	Juliana de Oliveira	Renan Castro
Revisão Gramatical Vivian Sbravatti Thamiris Leiroza	**Layout** Aurélio Corrêa	**Diagramação** Amanda Meirinho	**Capa** Bianca Teodoro	

Erratas e arquivos de apoio: No site da editora relatamos, com a devida correção, qualquer erro encontrado em nossos livros, bem como disponibilizamos arquivos de apoio se aplicáveis à obra em questão.

Acesse o site www.altabooks.com.br e procure pelo título do livro desejado para ter acesso às erratas, aos arquivos de apoio e/ou a outros conteúdos aplicáveis à obra.

Suporte Técnico: A obra é comercializada na forma em que está, sem direito a suporte técnico ou orientação pessoal/exclusiva ao leitor.

A editora não se responsabiliza pela manutenção, atualização e idioma dos sites referidos pelos autores nesta obra.

Dados Internacionais de Catalogação na Publicação (CIP) de acordo com ISBD

Q3c   Queiroz, Jorge

Corrupção o mal do século: entender para vencer o maior crime contra a sociedade / Jorge Queiroz. - Rio de Janeiro : Alta Books, 2018.
208 p. ; 17cm x 24cm.

Inclui índice e bibliografia.
ISBN: 978-85-508-0291-6

1. Corrupção. 2. Crimes. 3. Sociedade. I. Título.

2018-338

CDD 364.1323
CDU 328.185

Elaborado por Vagner Rodolfo da Silva - CRB-8/9410

Rua Viúva Cláudio, 291 — Bairro Industrial do Jacaré
CEP: 20970-031 — Rio de Janeiro - RJ
Tels.: (21) 3278-8069 / 3278-8419
www.altabooks.com.br — altabooks@altabooks.com.br
www.facebook.com/altabooks

Sobre o Autor

Jorge Queiroz é conhecido especialista em combate à fraude e corrupção, acumulando mais de vinte anos de atuação direta e solitária em alguns dos maiores, mais tenebrosos e até mesmo perigosos crimes financeiros já ocorridos no Brasil, com destaque, entre outros, para: (i) o desmantelamento da quadrilha da construtora Encol, que lesou mais de 42 mil famílias de clientes e 12 mil trabalhadores, envolvendo o Banco do Brasil; (ii) o bilionário rombo e quebra do Banco Santos, que lesou milhões de trabalhadores/participantes e pensionistas de grandes fundos de pensão de estatais; (iii) as ilicitudes e quebra do Frigorífico Chapecó, que envolveu o BNDES.

Expert em Inteligência e Estratégia, Execução e Governança, o autor possui mais de trinta anos de experiência em todas as áreas de Gestão/Liderança, Finanças e Jurídico, Reestruturação, Fusões e Aquisições, Mercado de Capitais, Finanças Estruturadas, Negociação, Relações Governamentais e Gestão de Risco — administrando e gerando $bilhões em valor e benefícios para um grande número de partes interessadas, como empresas, acionistas, investidores e trabalhadores.

Sua experiência inclui Exxon e Schlumberger e atuou como conselheiro, *CEO*, *CFO* e outras atribuições de nível sênior. É um dos pioneiros no segmento de recuperação de empresas no Brasil, preservando a geração de riquezas, empregos e poupança de milhões de brasileiros. Liderou alguns dos maiores e mais complexos processos de recuperação e gestão de crises, alguns tidos como "missão impossível".

Queiroz possui larga experiência nos segmentos de manufatura, petróleo, serviços, alimentos, agricultura, distribuição, construção e bancos. Sua atuação estende-se ao Brasil e à América Latina e Europa.

Sob os auspícios do Instituto Brasileiro de Gestão e *Turnaround*/IBGT: (i) lecionou e coordenou seminários/cursos de Prevenção de Crises e Recuperação de Empresas; (ii) coordenou o pioneiro Colóquio Brasil–EUA de Juízes de Recuperação e Falências, em conjunto com a Associação Paulista de Magistrados/APAMAGIS e a *National Conference of Bankruptcy Judges*/NCBJ; (iii) organizou evento similar na Argentina; (iv) conduziu várias conferências internacionais sobre recuperação de empresas e gestão de crises em todo o país e (v) juntamente com associações e instituições de ensino, patrocinou conferências e seminários sobre este mesmo tema.

Atuou como coordenador de estudos sobre crimes financeiros no Brasil para a *United Nations Commission on International Trade Law*/UNCITRAL. Participou como membro do Conselho Consultivo do *American Bankruptcy Institute*/ABI. Foi palestrante convidado em diversos eventos sobre crises no Brasil e exterior patrocinados por institutos e associações como: (i) American Bar Association/ABA; (ii) *American Bankruptcy Institute*/ABI; (iii) *Insol International*; (iv) *International Insolvency Institute*, do qual é membro fundador; (v) *Turnaround Management Association*/TMA; (vi) *Association of Insolvency and Restructuring Advisors*/AIRA; (vii) universidades e associações no Brasil.

Foi convidado especial do Presidente da *National Conference of Bankruptcy Judges*/NCBJ para a cerimônia exclusiva de magistrados na Flórida e também para a reunião desta prestigiosa entidade em São Francisco/USA.

Elaborou inúmeros trabalhos, publicações, artigos e deu entrevistas sobre recuperação de empresas em revistas especializadas e para a mídia em geral: *Journal of the National Conference of Bankruptcy Judges*, *American Bankruptcy Institute Journal*; *Euromoney*; *Insol International*; Valor Econômico; O Estado de S. Paulo; Folha de S.Paulo; Revistas Veja, Isto É e Época; Revista Migalhas; Consultor Jurídico e TV Globo e outras.

Coordenou e coautorou o livro "*Turnaround* Corporativo — Navegando em Períodos de Turbulência", com apresentação de Ashley Brown, Diretor da *John Kennedy School of Government* da Universidade de Harvard (Ibradd/Livraria Cultura, 2004) e coautorou o livro "Recuperação de Empresas — Uma Múltipla Visão da Nova Lei de Recuperação" (FGV/Pearson, 2006). Participou do Holberg Debate sobre Corrupção e a Manipulação pela Mídia, com a participação de Julian Assange, fundador do Wikileaks; John Pilger, premiado e renomado jornalista; e Jonathan Heawood, CEO e fundador da Impress, única empresa reguladora do segmento de imprensa reconhecida como independente e efetiva sob o Royal Charter do Reino Unido.

Queiroz é formado em engenharia pela *Marquette University* com mestrado em Dinâmica de Sistemas pela Universidade de Bergen. Fez cursos de pós-graduação em Economia na Fundação Getúlio Vargas/FGV, em Finanças no *Massachusetts Institute of Technology* e em Direito na Universidade de Bergen, onde participou também de cursos de doutorado em Economia, Ciências Políticas e Filosofia.

Recebeu diferentes premiações e reconhecimento público por suas realizações profissionais, entre os quais os Prêmios de Empresa do Ano, Empresário do Ano e Destaque Empresarial.

> *"Há homens que lutam um dia, e são bons;*
> *Há outros que lutam um ano, e são melhores;*
> *Há aqueles que lutam muitos anos, e são muito bons;*
> *Porém há os que lutam toda a vida;*
> *Estes são os imprescindíveis.'*
> *(Bertold Brecht)*
>
> *Sempre que vejo meu amigo Jorge, lembro-me de Brecht, lembro-me dos imprescindíveis.*
>
> *Entre todos os atributos de Jorge Queiroz, o mais importante é ser um eterno preocupado com o bem-estar e o desenvolvimento do povo brasileiro, sempre perguntando que País vamos deixar para nossos filhos. Neste caminho, sem qualquer procura de reconhecimento pessoal, dirige sua atenção primordial para a necessidade de extirpar a corrupção de nossa Nação, permitindo que o Brasil atinja uma condição de Estado de Bem-Estar Social e os brasileiros possam viver com dignidade e esperança."*

Manoel Justino B. Filho, *Desembargador TJSP e professor da Universidade Mackenzie, da Escola Paulista de Magistratura, USSP, FGV, PUC e IBMEC.*

Sua biografia completa pode ser encontrada no LinkedIn em https://www.linkedin.com/in/jqueiroz/

Acesse também o capítulo bônus, *A Manipulação pela Mídia*, no site www.altabooks.com.br e busque pelo título do livro para entender como a Mídia está diretamente involucrada no contexto da corrupção.

Para Meus Pais

Agradecimentos

Este livro é baseado em muitos anos de observação, trabalho e estudos dedicados originalmente a compreender o fenômeno da imensa desigualdade, exclusão e injustiça social e da pobreza no Brasil e o motivo central de este ser um problema que a sociedade e seus representantes não conseguem solucionar e que continua a se agravar. Debati essa temática com colegas de trabalho e, a partir dos anos 2000, com juristas e magistrados do Brasil e exterior, assim como do Banco Mundial, ONU e outras organizações.

Em 2013, decidi me concentrar em identificar a origem dessa desumana vergonha e vi que a raiz é inquestionavelmente a grande corrupção. Isso não foi suficiente. Vi também que existia muita literatura sobre o tema, mas não identifiquei nenhuma que mostrasse a dinâmica do processo envolvendo a grande corrupção, que mostrasse a essência de como ela se dá e suas intercorrências. A partir disso, decidi me aprofundar nessa pesquisa e desenvolver um modelo lógico mostrando esse quadro com auxílio da ferramenta de dinâmica de sistemas e compartilhar os resultados por meio da publicação deste livro.

Desejo agradecer especialmente ao Honorável Juiz Robert Drain, do Distrito Sul da Corte Federal de Falências de Nova York, um modelo de magistrado e ser humano, por suas ideias, inspiração, subsídios, ensinamentos e atenção, assim como vários membros do Judiciário — ministros, magistrados e membros do ministério público brasileiros e estrangeiros com os quais interagi e muito aprendi.

De igual sorte, quero agradecer à Universidade de Bergen, que tornou este trabalho possível. Sou grato a muitas pessoas que me inspiraram, fornecendo valiosos subsídios: os professores J. W. Forrester e John D. Sterman do *Massachusetts Institute of Technology*; Pål Davidsen, Siri Gloppen e Birgit Kopainsky, Stian Hackett e Andreas Gerber da Universidade de Bergen; Bruce Wilson da *University of Central Florida*, Matteo Pedercini do *Millenium Institute*, Thomas Pogge da *Yale University*; Dev Kar, Economista Chefe do *Global Financial Integrity*.

Dedico agradecimento especial aos renomados advogados Osvaldo Agripino de Castro Júnior, sócio do escritório Agripino & Ferreira Advocacia e Consultoria[1], pela valiosa contribuição na discussão de diferentes temas jurídicos e revisão geral do texto, e Christopher Jarvinen, sócio do escritório Berger Singerman LLP, por suas importantes informações sobre direito penal dos EUA.

Meus agradecimentos especiais também à equipe da Biblioteca de Ciências Sociais da Universidade de Bergen pela assistência na busca de material de pesquisa. Por último, mas não menos importante, expresso meu agradecimento ao *Instituto Brasileiro de Gestão e Turnaround*, por sua ajuda na coleta de dados de pesquisa sobre o Brasil.

Jorge Queiroz
Dezembro, 2017

---

[1] Pós-Doutor em Regulação de transportes (Kennedy School — Harvard University) e Professor do Mestrado e Doutorado em Ciência Jurídica da Univali e do Mestrado em Engenharia de Transportes da UFSC.

Apresentação

(por Jorge Queiroz)

A "Grande Corrupção" é inquestionavelmente o Mal do Século, o maior crime perpetrado contra a raça humana e origem de todos os outros males, inclusive guerras — uma epidemia global que se esconde em sofisticados e obscuros esquemas interconectados mundialmente, atingindo níveis jamais vistos em toda a história.

O colapso de *Wall Street* de 2008 e seus efeitos subsequentes contribuíram para o aumento da pressão da sociedade no seu combate. No Brasil, este processo teve início no *Mensalão* e foi incrementado pela operação *Lava Jato* e pela participação maciça da população com protestos em todo o Brasil.

Uma solução eficaz e perene é possível, mas, para que isso ocorra, é vital que a sociedade como um todo entenda primeiro como se dá este processo e a complexa dinâmica envolvida. Tratar os sintomas sem entender essa enfermidade crônica que contaminou todo o Estado não irá curar essa "doença" de forma bem fundamentada e duradoura.

Esta obra busca endereçar a fundo o cerne desta questão, fornecendo subsídios que contribuam para a confecção de um projeto para solução deste grave problema. Visa adicionalmente permitir que tanto os estudiosos, legisladores, profissionais de diferentes áreas quanto o cidadão comum entendam a fundamentação e essência deste crime hediondo. A solução da destruição do Estado brasileiro e suas instituições passa diretamente pela solução do problema da Grande Corrupção.

Desde que concluí meus estudos e ingressei no mercado de trabalho em meados dos anos 70, passei a aprofundar meus estudos e a estar envolvido com estratégias e análises socioeconômicas, geração e preservação de trabalho, políticas de governo e justiça social, participando inclusive da Constituição de 1988. A natureza de meu trabalho com gestão de empresas me levou, como já afirmei, a identificar o maior agente destruidor de riquezas que existe — a epidemia global da Grande Corrupção e o crescimento assustador que ocorreu no Brasil, muito acentuadamente a partir de 2003.

O estrago que causou e causa na economia e em todo o tecido social do país é devastador — a falência do Estado, pobreza, desemprego, exclusão social, violência, drogas e prostituição, além da precariedade de toda a infraestrutura: saúde, educação, transporte, saneamento, energia, estradas, previdência e outras.

Corrupção — qual a sua dimensão? Para se ter uma ideia, o custo médio anual estimado da corrupção no Brasil é R$69 bilhões[2]; adicionado a isso e associada à corrupção, existe a também gigantesca evasão fiscal de R$410 bilhões (em 2010)[3], que juntos chegam a cerca de 16% do PIB. Existe ainda a evasão de outros tantos $bilhões oriunda de transações ilícitas praticadas em operações de comércio exterior. Essas somas estratosféricas são expropriadas de investimentos e gastos públicos nas áreas essenciais aqui mencionadas e tão carentes desses recursos, sendo seus prejuízos arcados por toda a população, seja pela falta de recursos, por aumentos ou criação de novos impostos, ou pela retirada de benefícios da sociedade como a tão precária previdência social.

A partir do quadro de "terra arrasada" em que o país chegou a partir de 2013, entendi que era o momento de estudar e pesquisar em maior detalhe os fundamentos e toda a dinâmica envolvendo a grande corrupção e suas intercorrências, com o objetivo de apresentar à sociedade uma radiografia com sua origem, causas e efeitos, adotando a metodologia de dinâmica de sistemas. Esta ferramenta, além de possibilitar a obtenção de uma visão lógica e clara do problema, permite a comunicação entre as várias disciplinas que tratam, estudam e agem sobre essa grave prática cri-

---

[2] Em valores de 2008, conforme estudo elaborado pela FIESP/DECOMTEC em 2010 — equivalente a cerca de 2,3% do PIB.

[3] Relatório de 2013 da *Tax Justice Network* — USD280 bilhões equivalentes a cerca de 13,4% do PIB, contemplando evasão propriamente dita e economia informal. Disponível em: http://thebrazilbusiness.com/article/tax-evasion-in-brazil (conteúdo em inglês) — Acesso em: 10/05/2015.

minosa, tais como direito, administração, economia, ciências políticas, sociologia, antropologia, história e comunicação/jornalismo.

Minha convicção é a de que só se pode estudar as diferentes soluções para esse problema crônico a partir do momento em que entendamos claramente como ele se forma, quais os agentes envolvidos e as dinâmicas destrutivas e construtivas, adotando um pensamento sistêmico e não o tratando de forma isolada. Na ausência de uma obra que abordasse a essência desse gigantesco problema com a didática que julgo necessária e aqui utilizada, e que possa ser entendida tanto por especialistas como pelo cidadão comum, decidi dar minha contribuição utilizando meus conhecimentos e experiência na luta contra fraudes e corrupção.

Assim, debrucei-me sobre o tema nos últimos anos para desenvolver essa criteriosa pesquisa e trabalho de vital importância para toda a sociedade para que haja maior compreensão, conscientização, engajamento e eficácia no seu combate.

Nota Introdutória

A corrupção se tornou parte da vida cotidiana no Brasil de forma tão exacerbada que a maioria das pessoas não percebe suas imensas dimensões, danos, complexidade, dinâmica e intercorrências. São os aspectos predatórios e darwinianos da natureza do homem levados ao extremo, e mais grave ainda é o fato de o grande corrupto se beneficiar de um sistema caracterizado pela impunidade e injustiça, verdadeira cleptocracia.

O Brasil é um país onde muitos dos socialmente incluídos sentem que aqueles que são excluídos são preguiçosos e simplesmente devem ir buscar um emprego, uma atitude que promove a criação de uma sociedade dividida entre os que têm e os que não têm, com o surgimento de ódio, violência, crime, drogas, fragmentação e distensão social. Os brasileiros abominam a corrupção, mas a maioria pensa que é mais ou menos uma doença que faz parte do sistema e da cultura. O sentimento geral é que essas são questões para as quais não existem remédios, deixando uma sensação de impotência e desesperança. O fato é que as questões relacionadas à corrupção são de tal gravidade que deveriam ser parte obrigatória do currículo dos ensinos primário, secundário e superior.

No entanto, os dramáticos níveis de desigualdade causados pela corrupção nos Estados Unidos e na Europa nas últimas décadas lançaram luz sobre esse comportamento problemático que agora afeta também os países desenvolvidos, o que é bastante positivo para o Brasil, na medida em que mais pessoas estão envolvidas em sua solução. Atraiu a atenção da Academia e de economistas proeminentes, como Piketty, Stiglitz, Krugman, Krueger, Raj Chetty, Raghuram Rajan, Acemoglu e muitos outros. Enviou tremores a partir de Washington para todos os principais centros ao redor do mundo. Chamou também a atenção de muitas organizações multilaterais, que alocaram seus principais economistas e cientistas sociais para trabalhar na questão. A proporção que a pesquisa e os debates tomaram é de fato impressionante e altamente positiva. Só um tsunami de tal magnitude seria capaz de desencadear um esforço tão imenso e coordenado para diagnosticar e encontrar soluções para esses problemas que se originam em grande parte da corrupção.

Tenho contato com a pobreza e a desigualdade há vários anos em vários países, principalmente no Brasil, na América Latina e nos Estados Unidos, lugares onde de uma geração para outra os pobres são seres humanos marginais, socialmente excluídos, sem direitos e que lutam para sobreviver e atender às suas necessidades mais básicas. Algumas pessoas dizem que os "pobres são felizes"... não, eles definitivamente não são felizes, mas meros sobreviventes desde o dia em que nasceram.

Em todo o Brasil, tenho visto os pobres levarem mais de três horas de viagem em cada direção para o trabalho a partir das quatro da manhã, em total fadiga compensando sua falta de sono dentro de ônibus, metrôs e trens... vi a vida nas favelas e nos bairros de baixa renda, homens e mulheres sem-teto, crianças sem-teto e abandonadas, prostituição infantil, drogas, a vida na Cracolândia[4] em São Paulo, prisões desumanas altamente povoadas, instalações inadequadas de escolas e de saúde, falta de saneamento e de infraestrutura.

---

[4] Cracolândia é um território onde há venda do crack e que existe em diferentes cidades do Brasil. Visitei a Cracolândia no centro antigo de São Paulo algumas vezes, ironicamente localizada perto do Tribunal de Justiça de São Paulo. Fiquei totalmente chocado ao ver todas aquelas pessoas e crianças com suas pedras de crack fumando a morte. Eu podia ver a presença da polícia, mas eles não estavam lá para proteger as pessoas — não muito longe da polícia, eu também podia ver os traficantes vendendo sua droga muito naturalmente e sem qualquer preocupação com os policiais. Cracolândia e as prisões do Brasil são verdadeiras histórias de horror.

Após um ciclo trabalhando em multinacionais da *Fortune 500*, decidi atuar diretamente na solução de grandes problemas e crises corporativas e bancárias no Brasil — que aumentaram substancialmente em 1990 devido à dura recessão que se instalou no país (-4,3% PIB) —, revitalizando e salvando empresas, as quais denominei "células sociais" em um dos meus livros[5], e combater diferentes tipos de negócios e crimes financeiros, públicos e privados.

A capital, Brasília, é um caso à parte — houve várias ocasiões em que tive que ir para Brasília a trabalho e podia ver de perto a dinâmica dos três poderes federais, mais frequentemente durante a Reforma Constitucional do Brasil em 1987/8 e a Reforma da Lei de Falências em 2004/5. No entanto, o episódio mais singular de Brasília aconteceu durante o curto período de sete meses em 1997, no qual trabalhei na solução de uma gigantesca crise que envolvia corrupção, fraudes e jogos de poder no coração do país. Atuei no combate à corrupção e fraudes também no setor bancário.

A grande corrupção no Brasil está presente nos poderes executivo e legislativo e é extensiva ao poder judiciário — com a corrupção generalizada, não poderia ser de outra forma. Conforme amplamente noticiado em toda a mídia nacional, pode-se notar a existência de inúmeros esquemas de corrupção e abuso de poder envolvendo o governo, o congresso e o judiciário, e muito do que acontece se dá nos bastidores, longe do público. Inclui também empresas estatais e mistas, bancos estatais, grandes fundos de pensão de empresas estatais, agências reguladoras etc. — nos níveis federal e estadual.

A corrupção no setor privado envolve, entre outros, pagamentos de "comissões" e suborno de integrantes dos três poderes das esferas federal, estadual e municipal — pagamentos a agentes de grandes empresas públicas de recursos naturais, fundos de pensão de grandes empresas estatais, esquemas tributários e financeiros, esquemas de aprovação de legislação encomendada, suborno de autoridades fiscais, suborno de funcionários governamentais, transferências ilícitas de dinheiro, sub/superfaturamento em operações de comércio exterior e empresas fantasmas. A corrupção está também bastante presente na mídia, que muitas vezes não transmite informações verdadeiras, distorcendo-as com o objetivo de beneficiar seus clientes, que incluem

---

[5] *Turnaround* Corporativo — Navegando em Períodos de Turbulência (Ibradd/Livraria Cultura, 2004).

governo e políticos, em épocas de eleição ou não. Pode-se observar a diferença entre a hipocrisia dos discursos, das declarações de valor, do Estado de Direito e os fatos. Pode-se ver que existe uma grande diferença entre a lei e a justiça.

Além do que os crimes de corrupção representam, o fato é que o Brasil e outros países sofrem hoje de uma grave crise moral que corrói todas as suas instituições e credibilidade. Lemos e assistimos às notícias e vemos, quase diariamente, regras sendo dobradas, prevaricação, informações torcidas, mentiras, falta de transparência, propaganda falsa, evasões fiscais, fraudes, lavagem de dinheiro, caixa 2 e escândalos de corrupção, tudo envolvendo altos funcionários do governo, entidades públicas, empresas e instituições financeiras. Não há limites para a ganância de alguns em detrimento dos menos favorecidos.

Muitos pesquisadores e o público em geral possuem apenas uma vaga ideia sobre a essência e dinâmica da corrupção no Brasil e dos seus desdobramentos e interdependências. Desde sempre me perguntam: "Como é que um país tão rico tem tanta pobreza?" e "Por que há tanta corrupção no Brasil?"

No processo de pesquisa, encontrei literatura científica boa e inspiradora e análises econômicas sobre corrupção, pobreza, desigualdade, mobilidade socioeconômica e uma série de variáveis relacionadas, mas nada especificamente relacionado com a síndrome da corrupção no Brasil que possui peculiaridades não encontradas em nenhum outro país.

Essa radiografia e os resultados empíricos da minha odisseia exploratória são as contribuições que pretendo fornecer com esta obra.

Jorge Queiroz

Apresentação
(por Roberto Luis Troster)

O Brasil está vivendo uma revolução que pode mudar os rumos da sociedade brasileira, é a luta contra a corrupção, um mal que aflige a nação desde a colônia e que tem se agravado nos últimos anos. O país quer o fim dessa doença que agrava a desigualdade social e limita o crescimento.

A Lava Jato está cumprindo um papel importante e tem um apoio popular. Mas, para que tenha continuidade e não acabe sendo um evento isolado na história do Brasil, é necessário mais. Para tanto, toda a sociedade brasileira deve entender a dinâmica da corrupção, suas consequências e medidas que podem ser adotadas por ela.

Nesse sentido, o livro "Corrupção — o mal do século" de Jorge Queiroz é oportuno e importante. A obra preenche um vácuo na literatura sobre o tema. É uma combinação de teoria, análises comparadas e experiência prática de muitos anos.

O resultado é um texto com rigor técnico, denso, abrangente e interessante. Deveria fazer parte do programa de governo 2019–2022 de todos os partidos e livro de cabeceira dos candidatos a posições no governo e de eleitores comprometidos com o país. Os impactos no bem-estar da nação seriam vultosos.

O livro tem oito capítulos que cobrem de maneira profunda o tema com uma abordagem sistêmica, abrangendo os vários aspectos da corrupção, apresentando casos práticos e, mais importante e inovador, propondo medidas para erradicar o mal e evitar que volte.

O primeiro é uma introdução à obra e mostra algumas de suas consequências nefastas, as duas mais importantes sendo a concentração de renda e o desenvolvimento perdido.

O capítulo seguinte detalha e disseca a corrupção. Descreve os componentes e subtipos, a antropologia, a patologia, os aspectos culturais, a corrupção da mídia e detalhes da decisão de se corromper ou não. O tema tem vários aspectos gerais que são explicados, como também características específicas do Brasil atual. É um texto preparatório para os outros capítulos e situa o leitor no tema de forma mais balizada.

O terceiro trata da quantificação da corrupção. Compara estimativas do Brasil com a de outros países, assim como sua evolução ao longo da história, com uma ênfase mais forte no período mais recente. O problema se agravou a partir de 2005, e, em uma estatística comparando 61 países, no início de 2015, o Brasil ficou com a triste marca de ser o mais corrupto do mundo.

O próximo é a metodologia para analisar e entender a dinâmica da corrupção. O tema é complexo e demanda uma abordagem estruturada em modelos. Cobre o conceito de dinâmica de sistemas e explica o que é um diagrama de círculos de causalidade, de círculos de reforço e balanceamento e de estoques e fluxos. Sua utilização permite identificar com mais precisão as causas, sua evolução e, mais importante, medidas de correção.

O quinto é a montagem de um quebra-cabeças com muitas peças. Dezenas de variáveis, como nível de corrupção, câmbio negro, investimento público, concentração de renda, tráfico de influências, economia informal, instituições e pobreza, são conectadas em diagramas mostrando relações de causas e efeitos entre elas.

O capítulo subsequente destrincha o quebra-cabeças, detalhando a dinâmica da corrupção com círculos e relações de causalidade. Ao todo são 27 círculos, que explicam porque algumas variáveis afetam a corrupção, suas consequências, as defasagens e a importância de cada uma delas. O sétimo é o de recomendações para acabar com a corrupção no Brasil. Ao todo, são listadas 50 propostas, que deveriam fazer parte do programa de governo de todos os candidatos na eleição deste ano. São medidas concretas e simples. Se adotadas, têm o poder de mudar o futuro do Brasil.

Além da conclusão, destacando os aspectos relevantes do trabalho, há um anexo com dois casos de corrupção que ganharam notoriedade mundial, o da Encol e o do Banco Santos.

O livro torna o tema corrupção interessante e está estruturado como um thriller, prendendo cada vez mais a atenção do leitor. O tema é importante, poderia ser matéria dos cursos de economia, administração e direito pela sua importância e esta obra poderia ser o livro-texto.

A leitura deste livro permite que façamos uma reflexão sobre qual seria um passo importante para que o Brasil supere a mediania em que está e comece a construção de um futuro sintonizado com os interesses de todos os cidadãos e seu potencial de desenvolvimento.

Há mais motivos para ler o livro, e o melhor deles é que, apesar de ser um texto acadêmico, é delicioso.

Roberto Luis Troster *é bacharel (prêmio Gastão Vidigal) e doutor em economia pela Faculdade de Economia e Administração da Universidade de São Paulo (FEA-USP) e pós-graduado em banking pela Stonier School of Banking. Foi economista chefe da Federação Brasileira de Bancos (FEBRA-BAN) e da Associação Brasileira de Bancos (ABBC), professor da Pontifícia Universidade Católica e da USP, autor de artigos e livros, palestrante e consultor de empresas, governos e instituições financeiras no Brasil e no exterior, incluindo o Banco Mundial e o Fundo Monetário Internacional (FMI).*

Prefácio

(por Monica de Bolle)

A obra de Jorge Queiroz, Corrupção — O mal do século, é leitura fundamental para qualquer pessoa que se interesse pelos desdobramentos políticos e econômicos da corrupção endêmica mundo afora, mas especialmente na América Latina.

O ano de 2018 será marcado, na região, por eleições em diversos países que, em conjunto, representam cerca de 80% do PIB da América Latina. Brasil, México e Colômbia, além do Panamá e da Costa Rica, terão eleições gerais ou presidenciais, todas caracterizadas por um profundo descontentamento da sociedade com a chamada política tradicional. No cerne dessa frustração comum a tantos países no mundo está a indignação com a corrupção em níveis epidêmicos que atinge a região. Que a corrupção é algo presente na América Latina há muito não é novidade. A novidade recente é como alastrou-se de um país para o outro a partir das revelações da Operação Lava Jato no Brasil. O alcance das práticas corruptas desveladas pela Lava Jato é estonteante: cerca de doze países latino-americanos foram de alguma forma afetados pelo esquema de propinas nascido da tríade políticos–construtoras–Petrobras no Brasil. O sistema político desses países está hoje em xeque ante a indignação da sociedade com o grau de corrupção revelado, a facilidade com que mecanismos que levam à corrupção se instalam e se alastram de forma insidiosa.

Há vasta literatura acadêmica sobre a corrupção. Apenas na área da economia, estudos que relacionam a corrupção ao baixo crescimento, à queda da produtividade, ao aumento da desigualdade, são numerosos, e as evidências, incontestáveis. Organismos multilaterais, como o Fundo Monetário Internacional, o Banco Mundial e o Banco Interamericano de Desenvolvimento, têm se debruçado sobre o tema em tentativa de esboçar políticas que reduzam o grau de corrupção, abrindo espaço para o desenvolvimento socioeconômico e para a maturidade das instituições. Contudo, artigos e estudos acadêmicos tendem a tratar o tema da corrupção de forma compartimentalizada, sem necessariamente a preocupação em integrar seus diversos aspectos. Por isso, a motivação para esta obra.

Em "Corrupção — O mal do século", Jorge Queiroz aborda o tema de forma holística, classificando e definindo as práticas de corrupção, analisando componentes culturais, antropológicos e psicológicos, além de esmiuçar casos específicos de corrupção. Sua maior contribuição para o debate é entender a corrupção como algo que emerge de todo o sistema de relações socioeconômicas, e não como peça isolada em um esquema maior. A forma como elabora os ciclos dominantes de reforço que incentivam e reforçam a corrupção é inovadora, ajudando o leitor a compreender porque determinados sistemas estão mais ou menos sujeitos a sofrer seus malefícios. Especialmente interessante é a abordagem da corrupção como algo que surge do ciclo que relaciona desigualdade de renda, pobreza e populismo, características ainda tão presentes na América Latina.

O livro de Jorge Queiroz alcança algo bem maior do que apenas a análise da realidade política e econômica de nossa castigada região. Contudo, ante as transformações dramáticas que por certo hão de vir da Operação Lava Jato, do cerco à corrupção na América Latina, e das eleições em série, o livro não deixa de ser uma excelente anatomia da região no século XXI.

__Monica de Bolle__ é professora do Peterson Institute for International Economics (EUA); é também professora da School for Advanced International Studies | Johns Hopkins University. Foi professora de macroeconomia na PUC/RJ e sócia da Galanto | MBB Consultoria. Foi diretora do Instituto de Estudos de Política Econômica/Casa das Garças. Foi também economista do Fundo Monetário Internacional. De Bolle foi condecorada em 2014 pela Ordem dos Economistas do Brasil por suas contribuições para o debate de políticas brasileiras. É autora e coautora de vários livros sobre economia global e sobre desafios das políticas nacionais, incluindo "Como matar a borboleta-azul: uma crônica da era Dilma" (2016). Suas análises sobre economia e política econômica brasileira têm sido amplamente publicadas na mídia brasileira e internacional. Contribui regularmente para os jornais O Globo e O Estado de S. Paulo. De Bolle é formada em economia pela PUC-RJ, com doutorado em economia pela London School of Economics and Political Science.

Sumário

Sobre o Autor .... *v*

Agradecimentos .... *xi*

Apresentação (por Jorge Queiroz) .... *xiii*

Nota Introdutória xv

Apresentação (por Roberto Luis Troster) .... *xix*

Prefácio (por Monica de Bolle) .... *xxiii*

Convenções Utilizadas, Acrônimos e Abreviações .... *xxix*

Convenções utilizadas em Dinâmica de Sistemas xxix

Demais Convenções xxix

1. **Introdução** 1

    A corrupção no Brasil destrói o bem-estar da sociedade. 3

2. **Contextualização** 7

    Componentes/Subtipos de Corrupção 7

    A Antropologia e Patologia da Corrupção 7

    Aspectos Culturais 9

    Capital Social/Cívico 10

    A Decisão de se Corromper ou Não 11

    A Manipulação pela Mídia 13

3. **O Comportamento Problemático** 15

4. **Metodologia** 21

    O Conceito de Dinâmica de Sistemas 22

    Diagrama de Círculos de Causalidade, Círculos de Reforço e

Balanceamento, Ligações/Conexões e Polaridade 23

Diagrama de Estoques e Fluxos (Stock and Flow Diagram — SFD) 25

5. Análise Geral da Hipótese **27**

6. Análise Individual das Hipóteses **31**

Causas e Consequências Diretas da Corrupção 32

Grupo de Círculos de Reforço R1 — Corrupção — [Qualidade das] Instituições/Governança, Círculos de Reforço 35

Círculo R2.1 e R2.2 — Corrupção–Desigualdade–Pobreza– Populismo, Círculos de Reforço Dominantes 40

Tráfico de Influência, Círculo Dominante de Reforço — R3 48

Círculo de Reforço R4 — Accountability 52

Círculo de Reforço R5 — Setor Público 54

Instituições Fortes 56

Instituições Fortes, Círculos Dominantes de Balanceamento — Grupo B1 de Círculos 63

Investimentos Públicos e Privados e Capital Humano — Círculos de Balanceamento que Estimulam o Crescimento — B2, B3 e B4 68

Corrupção, Economia Informal, Mercado Negro de Câmbio, Receitas Tributárias e Tarifas Alfandegárias 71

Considerações 79

7. Políticas Recomendadas **81**

Diretrizes e Políticas 83

8. Conclusão **97**

ANEXO I

Casos Práticos de Corrupção e Fraude **99**

Os Casos da Encol e do Banco Santos 101

O Caso Encol 104

O Caso Banco Santos 113

Massa Falida Banco Santos **121**

Relatório Inicial do Comitê de credores: Análise Estratégica 123

Sinopse 123

I — Das considerações iniciais 126

II — Da cronologia dos principais fatos 127

III — Da elasticidade do prazo..132

IV — Dos demonstrativos de resultados auditados.........................137

V — Dos relatórios das empresas de rating 139

VI — Da gestão e governança 142

VII — Da operação de Euronotes de US$100 milhões...................142

VIII — Das operações envolvendo empresas direta e
indiretamente relacionadas...144

IX — Dos resultados do período findo em 12/11/2004.................145

X — Dos resultados da liquidação extrajudicial 146

XI — Da situação patrimonial da massa em 31/12/2005 e
comentários quanto aos ativos..148

XII — Das receitas, despesas e eficácia da massa..........................150

XIII — Da estratégia...157

XIV — Das conclusões e principais recomendações.......................158

Referências *161*

Índice...*169*

Lista de Figuras

Figura 1	Índice de Corrupção (Atual) — em escala de 0 a 10 — 1976 a 2016	18
Figura 2	Círculo de Causalidade *(Causal Loop)*	24
Figura 3	Simbologia do Diagrama de Estoques e Fluxos	25
Figura 4	Corrupção/Estrutura de Diagrama de Círculos de Causalidade	29
Figura 5	Geradores Diretos da Corrupção	33
Figura 6	Efeitos Diretos da Corrupção	34
Figura 7	Círculos R1.1 Corrupção — Instituições e B1.1 Instituições Fortes	36
Figura 8	Círculos Dominantes Convergentes R1 e B1	37
Figura 9	R2.1 Círculo Desigualdade–Pobreza/R2.2 Círculo Pobreza–Populismo	40
Figura 10	Eixo Vertical — Coeficiente Gini Ajustado *versus* Eixo Horizontal — Índice de Corrupção (0 a 10) (GUPTA et al., 1998)	42
Figura 11	Eixo Vertical — Variação % da Renda da Camada dos 20% mais pobres *versus* Eixo Horizontal — Índice de Corrupção (-2,5 a +2,5) (GUPTA et al., 1998)	44
Figura 12	R3 — Tráfico de Influência, círculo dominante de reforço	48

Figura 13	Diagrama de Círculos de Causalidade — Esquema de Corrupção na Petrobras 50
Figura 14	R4 — Círculo Corrupção–*Accountability*...................... 53
Figura 15	R5 — Círculo de Reforço, Setor Público 54
Figura 16	Seis Indicadores de Governança *versus* Renda *per capita*. Eixo Horizontal: Índice de Qualidade de Governança do pior -2,5 para o melhor nível 2,5. Eixo Vertical: Logaritmo de PIB per capita. Resultados mostram que, quanto melhor o indicador de qualidade de governança, maior a renda *per capita* (KAUFMANN et al., 1999)... 62
Figura 17	Instituições sólidas, Variáveis de Balanceamento B....... 63
Figura 18	B1 — Instituições Sólidas, Círculo de Balanceamento Dominante... 66
Figura 19	B2, B3 e B4 Investimentos Públicos e Privados e Capital Humano, Círculos de Balanceamento............ 69
Figura 20	Economia Informal/Receita Fiscal 72
Figura 21	Corrupção (0 a 10) *versus* Economia Informal (%PIB) 73
Figura 22	Trabalhadores na Informalidade no Brasil — % (dados oficiais — fonte Ipea) 75
Figura 23	Receitas Governamentais (%PIB) *versus* Economia Informal (%PIB) 75
Figura 24	Saídas Ilícitas em um Período de 10 anos — 2003–2012... 77
Figura 25	Evolução do Faturamento Encol 109

Acesse o site da editora (www.altabooks.com.br) e procure pelo título do livro (ou ISBN) para ter acesso a todas as figuras presentes nesta obra.

Convenções Utilizadas, Acrônimos e Abreviações

Convenções utilizadas em Dinâmica de Sistemas

System Dynamics — Dinâmica de Sistemas

Causal Loop — Círculo de Causalidade e Realimentação

CLD — *Causal Loop Diagram* — Diagrama de círculos de causalidade e realimentação

Feedback Loop — Círculo de Realimentação

Loop — Círculo de Causalidade

SFD — *Stock and Flow Diagram* — Diagrama de Estoques e Fluxos

Demais Convenções

Accountability — reconhecimento, assunção e obrigação de aceitar a responsabilidade por suas ações, decisões e políticas, principalmente por Representantes dos Poderes Constituídos e Órgãos Públicos, ou seja, a responsabilização e a prestação de contas dos representantes.

BCBS — *Basel Committee on Banking Supervision* — Comissão da Basileia de Supervisão Bancária

BIS — *Bank of International Settlements* — Banco de Compensações Internacionais

BNDES — Banco Nacional de Desenvolvimento Econômico e Social

BRICS — Brasil, Rússia, Índia, China e África do Sul

ENCCLA — Estratégia Nacional de Combate à Corrupção e Lavagem de Dinheiro

FATC — *Financial Action Task Force* — Força-tarefa de Ações Financeiras

FSB — *Financial Stability Board* — Conselho de Estabilidade Financeira

GDP — *Gross Domestic Product* — PIB — Produto Interno Bruto

COE — *Council of Europe* — Conselho da Europa

G7 — Grupo das 7 maiores economias com regime democrático (7 países mais a União Europeia)

G20 — Grupo dos 20 (19 países mais a União Europeia)

GINI — Coeficiente utilizado para medir a distribuição de renda. Consiste em um número entre 0 e 1, onde 0 corresponde à completa igualdade e 1 à completa desigualdade.

GRECO — *Group of States against Corruption* — Grupo de Países Contra a Corrupção

IASB — *International Accounting Standards Board* — Conselho Internacional de Padrões de Contabilidade

IBGE — Instituto Brasileiro de Geografia e Estatística

IBGT — Instituto Brasileiro de Gestão e Turnaround

IBOPE — Instituto Brasileiro de Opinião e Pesquisa

IBRD — *International Bank for Reconstruction and Development* — Banco Internacional de Reconstrução e Desenvolvimento

ICRG — *International Country Risk Guide* — Guia Internacional de Risco País

IMD — *International Institute for Management Development*

IMF — *International Monetary Fund* — FMI — Fundo Monetário Internacional

IOSCO — *International Organization of Securities Commissions* — Organização Internacional de Comissões de Valores Mobiliários

IPEA — Instituto Brasileiro de Pesquisa Econômica e Aplicada

OECD — *Organization for Economic Co-operation and Development* — Organização para Cooperação e Desenvolvimento Econômico

ONU — Organização das Nações Unidas (***United Nations***)

PIB — Produto Interno Bruto

PISA — *Program for International Student Assessment* — Programa Internacional de Avaliação de Estudantes

PRSCR — *Political Risk Services Country Reports* — Relatórios Riscos de Serviços Políticos de Países

***Rent-seeking* —** são "concessões" ou "explorações" sem a justa contrapartida ou pagamento pelo beneficiado

***Rents* —** concessões

UN — *United Nations* — ONU — Nações Unidas

UNCAC — *United Nations Convention Against Corruption* — Convenção Contra a Corrupção das Nações Unidas

UNTOC — *United Nations Convention against Transnational Organized Crime* — Convenção Internacional das Nações Unidas contra o Crime Organizado Transnacional

WGI — *Worldwide Governance Indicators* (*World Bank*) — Indicadores Mundiais de Governança (Banco Mundial)

Introdução

"O Presidente abusou de um de seus mais importantes poderes... concedeu [o perdão presidencial] a fugitivos super-ricos cujo dinheiro já havia tornado possível que escapassem permanentemente da justiça americana. Poucos outros abusos poderiam destruir tão perfeitamente a confiança pública no governo."[1]

A corrupção é de longe o maior crime cometido na história da humanidade uma vez que está por trás de todas as guerras fabricadas, principalmente após a 2ª Guerra Mundial (exemplos recentes: Iraque, Líbia e Síria), assim como de todas as mazelas que existem nas sociedades, incluindo miséria, pobreza, fome e morte de bilhões de pessoas. Um grave crime que envolve a cobiça, o querer o que não lhe pertence e, consequentemente, o beneficiar-se do que pertence à sociedade ou a terceiros. No setor público, corrupção consiste em tirar proveito da função/representação pública para benefício próprio. O Banco Mundial define corrupção como a prática de oferecer, dar, receber ou solicitar, direta ou indiretamente, qualquer coisa de valor para influenciar indevidamente ações de outra pessoa[2].

---

[1] *United States Congressional Serial Set*, No. 14778, *House Report* No. 454, Justiça Desfeita — Decisões de Perdão Presidencial na Casa Branca de Clinton, p. 107 — causadas pelo fato de que Clinton concedeu um perdão presidencial ao fraudador bilionário e ativo fugitivo da justiça por quase duas décadas, Marc Rich (e seu sócio Pincus Green), fundador da gigante mineradora Glencore, maior empresa Suíça e 10ª da lista da *Fortune 500*, em seu último dia e horas antes de deixar a presidência, 20 de janeiro, 2001, no apagar das luzes.

[2] Disponível em: http://www.worldbank.org/en/about/unit/integrity-vice-presidency/what-is-fraud-and-corruption (conteúdo em inglês) — Acesso em: 12/09/2017.

A maioria das pessoas tem apenas uma vaga ideia do que é a corrupção no Brasil e a sua gravidade e o tamanho do dano que causa, sabendo ainda menos sobre as complexas dinâmica e lógica envolvidas, e as respectivas soluções. Esses são precisamente os pontos aos quais este livro pretende fornecer uma contribuição original para pesquisadores, formuladores de políticas, profissionais, escolas, universidades, ONGs, agências doadoras e organizações supranacionais, estudantes e o cidadão comum.

Para tanto, emprega uma abordagem de pensamento clara e didática, inclusive por meio da utilização de uma disciplina chamada dinâmica de sistemas, base do pensamento sistêmico que aborda o entendimento e solução do todo e não apenas de uma peça de um gigantesco e intricado quebra-cabeças. Esse é o objetivo central desta obra.

As sociedades do Brasil e de outros países se encontram no início de uma era de mudanças paradigmáticas — não mais confiam em suas atuais estruturas institucionais e em seus incumbentes, e desejam assumir sua governança com uma outra formatação política, jurídica e social, porque foram desapoderadas por representantes públicos que se servem do sistema junto com seus "compadres" (capitalismo de compadres — *cronyism*).

O Brasil seria uma nação de 1º mundo se não fosse a epidemia da corrupção.

O Brasil atravessa uma verdadeira guerra contra a corrupção em que ambos os lados dos ilícitos (o corrupto que exige e o corrupto que paga a propina) não somente não se intimidam, como afrontam o Poder Judiciário, que muitas vezes integra o círculo de ilicitudes.

O impacto socioeconômico da corrupção no Brasil é surpreendente — mais de 2,3% do PIB, US$35 a 50 bilhões[3] roubados anualmente de brasileiros atingidos pela pobreza (além de evasão fiscal de 13,4% do PIB[4]). A abordagem utilizada e as considerações, recomendações e conclusões deste livro são apoiadas por vários anos

---

[3] Em valores de 2008, conforme estudo elaborado pela FIESP/DECOMTEC em 2010 — equivalente a cerca de 2,3% do PIB.

[4] Relatório de 2013 da *Tax Justice Network* — USD280 bilhões equivalentes a cerca de 13,4% do PIB, contemplando evasão propriamente dita e economia informal. Disponível em: http://thebrazilbusiness.com/article/tax-evasion-in-brazil (conteúdo em inglês) — Acesso em: 05/10/2016; Valor Econômico 09 de novembro, 2013. Disponível em: http://www.valor.com.br/brasil/3333552/no-mundo-brasil-so-perde-para-russia-em-sonegacao-fiscal-diz-estudo — Acesso em: 10/11/2016.

de ampla e intensa experiência de frente de batalha "lutando contra esses [corrupção, fraudes e má gestão, incluindo questões financeiras, legais e fiscais, assim como falhas sistêmicas] problemas", na mesma linha defendida por Forrester (2013).

De forma a alcançar os objetivos traçados, esta obra investiga em detalhe a causalidade entre as principais variáveis da corrupção no Brasil e recomenda as principais políticas que devem ser implementadas para reduzir a corrupção de seus persistentes e elevados patamares. Assim, a hipótese técnica é:

A corrupção no Brasil destrói o bem-estar da sociedade.

Existe extenso trabalho científico e de análise econômica sobre a corrupção e suas respectivas variáveis, uma área que tem atraído grande interesse de acadêmicos, ONGs e organizações multilaterais, especialmente desde os anos 90. No entanto, apesar de a corrupção existir na sociedade há mais de dois milênios e impor grandes danos sobre variáveis socioeconômicas cruciais, o entendimento da corrupção e suas várias causalidades é ainda embrionário.

Parte das respostas para o alto nível de corrupção no Brasil é encontrada na história. O Brasil é uma democracia relativamente jovem que começou como uma colônia portuguesa altamente extrativa e corrupta — que durou três séculos até 1822 —, até chegar a um patamar mais ou menos estável durante o regime militar iniciado em 1964 até três anos após seu final em 1986. A partir do governo Collor, a corrupção no Brasil sobe a um patamar que se estende até 2003, quando se inicia a era Lulopetista, ocasião em que foi implantado um extenso aparelhamento de corrupção nos três poderes da República, assim como nos Estados e Municípios, com os níveis de corrupção subindo acentuadamente, surgindo escândalos como Mensalão[5], Lava Jato[6] e Petrolão[7] (Figura 1).

---

[5] Mensalão é o nome dado ao escândalo de corrupção política mediante compra de votos de parlamentares iniciado em 2003 durante o governo Lula e denunciado em 2005 pelo então deputado federal Roberto Jefferson.

[6] Operação Lava Jato é a investigação relacionada ao multibilionário esquema de corrupção na Petrobras que está sendo conduzida pelo judiciário de Curitiba desde 17 de março de 2014.

[7] Petrolão é o megaesquema de corrupção instalado na Petrobras entre 2004 e 2014 e descoberto pela operação Lava Jato. Disponível em: http://politica.estadao.com.br/blogs/fausto-macedo/petrobras-e-o-segundo-maior-escandalo-de-corrupcao-do-mundo-aponta-transparencia-internacional — Acesso em: 05/10/2016.

O baixo nível educacional (PISA)[8], os altos níveis de pobreza e desigualdade, junto com a característica e permanente impunidade que prevalece no Brasil, são ingredientes perfeitos para fomentar o aumento do número de representantes corruptos no governo, congresso e judiciário, nas esferas federal, estadual e municipal.

A corrupção envolve uma dinâmica altamente complexa com atrasos (delays) e inércia causados pelo fenômeno conhecido como acumulação em dinâmica de sistemas (*system dynamics)* — acumulação é como um reservatório que vai enchendo gradativamente, na maioria das vezes de forma imperceptível ao longo dos anos, na medida em que aumenta seu volume. A corrupção é um sério obstáculo para o bem-estar e desenvolvimento de uma sociedade. Existe mais acentuadamente onde há uma fraca estrutura institucional política e legal, formando um círculo vicioso devastador.[9]

Existe uma rica literatura que demonstra as inter-relações de corrupção, crescimento econômico, governança, desigualdade social, pobreza, capital humano, infraestrutura, política, Estado de direito, informalidade, atividades ilícitas, violência, drogas e guerras, dando também grande detalhamento do volume de dinheiro envolvido em transações ilícitas que em escala mundial ultrapassa um trilhão de dólares anualmente, 3% do PIB mundial[10].

Entre os importantes destaques desta obra, está o fato de a corrupção no Brasil ser dominada por círculos de reforço destrutivos rápidos, e a identificação de que qualquer melhora na dinâmica causadora da corrupção é caracterizada por círculos de retroalimentação de longa duração (que contém defasagens ou *delays* em suas dinâmicas); ou seja, as variáveis que reduzem a corrupção são mais lentas do que aquelas que

---

[8] Com notas abaixo da média nos testes de PISA, 58º colocado dentre 65 países em 2012. PISA (*Programme for International Student Assessment* — Programa de Avaliação Internacional Estudantil), é um estudo mundial feito pela OECD (*Organisation for Economic Co-operation and Development* — Organização para a Cooperação e o Desenvolvimento Econômico) em países membros e não membros do desempenho escolar em matemática, ciências e leitura em alunos de 15 anos de idade.

[9] (Abed & Davoodi, 2000; Barro, 2013; Eicher, Garcia-Penalosa, & van Ypersele, 2009; Kaufmann, Kraay, & Mastruzzi, 2014; Kaufmann, Kraay, & Zoido-Lobaton, 1999; Lederman, Loayza, & Soares, 2001; Mauro, 1995).

[10] (Hameed, Magpile, & Runde, 2014; Kar & LeBlanc, 2013; McNair et al., 2014).

a agravam. A identificação desse fato, em conjunto com todos os demais, é de vital importância para a implementação de políticas redutoras da corrupção.

Estudiosos de várias disciplinas, como economia, ciências políticas, direito e outras vêm se dedicando ao estudo e à busca de soluções, mas é vital que a área de dinâmica de sistemas com sua abordagem de pensamento sistêmico que vê e estuda o todo se envolva mais nesse tema, uma vez que se trata de disciplina especializada para esses estudos e soluções — metodologia empregada nesta obra por ser também uma de minhas especialidades.

Esses estudos incluem dimensões antropológicas, culturais e sociais/cívicas. Essa abordagem multidisciplinar é também importante para aumentar a consciência de que os danos causados nas pessoas pela corrupção não são apenas materiais, fato que não se coaduna com parte da literatura que trata a corrupção como um fenômeno unificado e linear.

Após profunda pesquisa que incluiu considerações de Sterman (2000) e Haraldsson & Sverdrup (2005), sustenta-se que esta obra é de grande utilidade para educadores, estudantes dos diversos níveis e disciplinas, universidades, legisladores e organizações multilaterais e não governamentais na medida em que fornece criteriosa, abrangente e lógica construção dos componentes da corrupção no Brasil que captura todas as ligações de causalidade e dinâmica envolvidas.

O livro está organizado de forma a prover uma compreensão holística multidisciplinar e sistêmica do fenômeno da corrupção no Brasil, iniciando pela sua contextualização, incluindo os componentes e subtipos de corrupção, sua antropologia e patologia, aspectos culturais, capital social/cívico e tentação e riscos em participar de práticas corruptas e da manipulação pela mídia contidas nos Capítulos 1 e 2.

Em seguida, o livro apresenta uma análise do comportamento problemático e a metodologia adotada, conforme disposto nos Capítulos 3 e 4. Continuando, descreve a hipótese e analisa as distintas causalidades corrosivas agravantes e as balanceadoras atenuantes nos Capítulos 5 e 6.

A partir do perfeito entendimento da dinâmica existente entre as diversas variáveis, apresenta recomendações de políticas a serem implementadas no Capítulo 7, com a conclusão no Capítulo 8.

Por derradeiro, para dar ao leitor uma visão e dimensão completa e melhor dos problemas envolvendo corrupção e fraudes em termos empíricos, foram incluídos no Anexo I dois casos famosos dos escândalos multibilionários, sendo um da construtora Encol e outro do Banco Santos, envolvendo corrupção e fraudes em cujo combate fui convidado a atuar.

* * *

Contextualização

Componentes/Subtipos de Corrupção

A corrupção consiste de três grandes subtipos, que são: grande corrupção política, transações financeiras ilícitas e evasão fiscal. A abordagem desses três maiores componentes de perdas relacionadas com a corrupção, juntamente com as variáveis envolvidas no grande Diagrama de Círculos de Causalidade (*Causal Loop Diagram*), é bastante relevante para permitir o entendimento da magnitude desse gigantesco problema.

A Antropologia e Patologia da Corrupção

Todo e qualquer ato de corrupção envolve sempre seus dois principais grupos: o que exige a propina (corrupto) e o que paga a propina (corruptor), e esse ato pode ser iniciado tanto por quem exige como por quem paga. Abuso de poder é um aspecto-chave no processo de corrupção descrito por Pardo (2004) citando Friedrich (1989) como uma patologia política — corrupção é de fato uma patologia.

Corruptos são caracterizados pela incompetência e falta de talento, e, como tal, inseguros. Corruptores são "cavaleiros/predadores" do dinheiro da era moderna que buscam maximizar seus ganhos por meio do suborno. A maioria dos corruptos exerce ambas as funções, de pagador e recebedor de propina — uma patologia amoral. Abuso de poder é uma patologia política talvez inseparável do Estado moderno e da autoridade racional e legal da autoridade burocrática, conforme preconizado por Max Weber.

No setor privado, administradores praticam a corrupção alegando a maximização de valor para seu acionista e de várias formas. Por exemplo: (i) pagamento de propina para obtenção de contratos com o governo; (ii) suborno de agentes públicos aduaneiros de importação/exportação; (iii) evasão fiscal; (iv) manipulação de legislação, regulamentação e instituições, entre outras. Entretanto, administradores corruptos do setor privado podem também utilizar recursos da empresa para seus próprios benefícios, e assim destruir valor para o acionista (MIRONOV, 2015).

Cientistas sociais abordam a corrupção sob uma perspectiva estrutural e de inter-relação. A abordagem estrutural tem seu foco em regras e normas, instituições e boa governança, e *Accountability*[1]. A perspectiva de inter-relação se concentra no comportamento ilícito de representantes do legislativo, executivo e judiciário, por exemplo quando representantes públicos alteram uma lei para que práticas ilegais anteriores se tornem legais (HALLER & SHORE, 2005).

A antropologia questiona por que razão somente em 1998 o líder do Banco Mundial deu a partida a uma cruzada contra a corrupção. E por que somente em 1999 foi efetivada a "Convenção para o Combate ao Pagamento de Propinas a Oficiais Públicos Estrangeiros em Transações Internacionais de Negócio" pela Organização para Cooperação e Desenvolvimento Econômico (OECD). Sabia-se durante décadas que bilhões de dólares eram desviados por práticas corruptas, incluindo suborno de juízes, contratos falsos, projetos de desenvolvimento "inflados", representantes e funcionários públicos desonestos, e esquemas entre "compadres" (HALLER & SHORE, 2005).

A corrupção foi também a causa por trás da crise financeira mundial de 2008 conforme corroborado por Stiglitz (2012). Este observou que violações maciças do império da lei por grandes bancos refletem um novo estilo de corrupção e que um dos bancos controlados pelo governo ameaçou deixar de operar em Massachusetts quando o procurador-geral do Estado moveu ação contra os bancos. Mais grave ainda foi o fato de ninguém ter sido preso por aqueles gravíssimos crimes que abalaram a economia global com pesados reflexos negativos sentidos até os dias atuais.

---

[1] Accountability — reconhecimento, assunção e obrigação de aceitar a responsabilidade por suas ações, decisões e políticas, principalmente por Representantes dos Poderes Constituídos e Órgãos Públicos, ou seja, a responsabilização e a prestação de contas dos representantes.

Aspectos Culturais

Cultura não é o fator que gera a corrupção — corrupção é uma consequência do que a sociedade faz ou deixa de fazer e não do que ela é. A corrupção existe por falhas nos regimes de governança de uma sociedade, como ocorre no Brasil. Um ambiente de corrupção tende a contaminar uma cultura com valores criminais, reforçando ou aumentando o nível de corrupção. Esse é um aspecto crítico provavelmente não abordado adequadamente na literatura sobre corrupção e que mostra a importância de introduzir a dimensão cultural no debate e soluções para a corrupção (MIRO-NOV, 2015).

Além disso, o entendimento de diferenças culturais é importante para melhor compreender e identificar o estágio em que o fenômeno da corrupção se encontra no país. Cada perspectiva cultural agrega bastante valor ao grande arcabouço de ideias e recursos para a luta contra essa grave doença. Diferente de outros países, o Brasil herdou e vive ainda em grande parte um regime coronelista nas entranhas de seu sistema, uma cleptocracia escondida atrás de nomes modernos como democracia e Estado de direito; um sistema voltado a manipular a população, que estimula a pobreza, o assistencialismo e o funcionalismo público dependentes de um poder central e de um frágil sistema eleitoral. Esse modelo de (des)governança permite que políticos e seus compadres, empresários e banqueiros desviem grandes riquezas que pertencem a toda a população para seus próprios bolsos.

Mais recentemente, economistas aumentaram significativamente o estudo de aspectos culturais (ZINGALES, 2015). A premissa tradicional de que o *homo economicus* possui idêntico comportamento na Rússia e nos EUA, na China e no Brasil, começou a ser desfeita quando confrontada com a evidência. *Homo economicus* está inserido em um contexto cultural e nesse contexto afeta as escolhas das pessoas de uma forma relevante. A definição de cultura comumente utilizada em economia é: "As costumeiras crenças e valores que grupos étnicos, religiosos e sociais transmitem de forma relativamente constante/imutável de geração para geração" (GUISO, SAPIENZA, & ZINGALES, 2006).

A corrupção surge nas formas como as pessoas buscam, utilizam e intercambiam riqueza e poder, e na força ou fragilidade do Estado — das instituições políticas e sociais que sustentam e restringem esses processos. Diferenças nesses fatores dão margem a quatro grandes síndromes de corrupção de uma natureza sistêmica em que cultura e nível de desenvolvimento exercem também uma função: mercados de influência — tipificados por países como EUA, Japão, Alemanha; cartéis de elites — como Brasil, Itália, Coreia do Sul; oligarcas — como Rússia e México; mogol — como China e Índia (JOHNSTON, 2006).

Capital Social/Cívico

O conceito de capital social começou a ser discutido com Putnam, Leonardi, & Nanetti (1993). É definido como a combinação de confiança interpessoal generalizada e redes de comunicação baseada em reciprocidade; é considerado de grande valor para indivíduos e para grupos e sociedades (CASTIGLIONE, VAN DETH, & WOLLEB, 2008; SVENDSEN & SVENDSEN, 2009).

Guiso, Sapienza, & Zingales (2010) introduziram a definição de capital social como capital cívico — aqueles valores persistentes e compartilhados que ajudam um grupo a evitar o problema "carona gratuita" (*free rider*) na busca de atividades socialmente valiosas. "Carona gratuita" ocorre quando um indivíduo ou grupo utiliza um bem comum sem pagar por ele. Investimento em capital cívico é a quantidade de recursos que os pais gastam para ensinar os valores de maior cooperação a seus filhos. A deterioração desse conjunto de valores pode ser vista como depreciação de capital cívico.

Capital cívico de confiança e de cooperação demandam mais tempo para serem gerados do que capital físico ou humano — isso porque sua transmissão entre gerações, juntamente com a educação formal, requer pelo menos uma geração para produzir efeito. Capital cívico gera crescentes retornos em razão do aumento de escala — isso porque o prêmio de um investimento individual em capital cívico depende positivamente do nível de capital cívico que existe na comunidade.

Se o Estado é tido como ocupado por pessoas desonestas, aquelas bem-intencionadas evitarão a vida pública. Dada a exposição de políticos na atual era da informação, uma nação-estado corrupta seguramente contribuirá para a destruição de seu capital cívico, como ocorre no Brasil.

A Decisão de se Corromper ou Não

Existem diferentes teorias relacionadas à decisão individual de violar o regramento legal. Gary Becker (BECKER, 1968) e Jin-Wook Choi (CHOI, 2009) utilizam o método de escolha racional para mostrar a lógica por trás dessa decisão. Philip Nichols (NICHOLS, 2012) apresenta a teoria que fornece a melhor explicação para a "Utilidade" ou não da decisão de agir de forma corrupta.

$$Utilidade = \int Benefícios - (\int (p * Penalidades\ Criminais)$$
$$+ \int (p * Penalidades\ Sociais) + Custo\ do\ Favor + Custos\ Psíquicos)$$

Essa metodologia leva em conta o valor dos "Benefícios" oferecidos, mas reconhece que o valor para o corrupto é uma função, entre outros fatores, como em que medida a propina pode ser utilizada pelo corrupto — mesmo uma propina gigante não tem valor caso não possa ser utilizada de forma escondida/secreta. Contas em bancos suíços, por exemplo, são mais glamorosas, e possibilitam sua lavagem e subsequente utilização de grandes quantias de dinheiro roubado, mas existe sempre o risco de ser descoberto. Essa fórmula considera também o risco de ser pego e as "Penalidades Criminais" subsequentes.

O risco de ser pego e as cominações legais (penalidades criminais) geram impacto bem maior na decisão do indivíduo em se corromper. Os pesados ônus impostos pela legislação criminal não consistem apenas em encarceramento e multas. Essa formulação reconhece que o ônus assumido pelo corrupto é afetado por muitos fatores, incluindo ação penal, custos judiciais, perda de um trabalho e renda respectiva, não empregabilidade futura, perdas financeiras para a família, ônus físicos e mentais associados ao litígio criminal, além do tempo distante da família e amigos e outros custos de oportunidade incorridos enquanto encarcerado ou durante sua defesa.

A corrupção terá também custos sociais (penalidades sociais) — tais como penalidades informais impostas pela sociedade sob a forma de reputação, vergonha e humilhação. O corrupto potencial deve também considerar o "Custo do Favor" — o custo da realização do serviço sujo em troca da propina e os "Custos Psíquicos" que acumulam por fatores emocionais, psicológicos e outros fatores internos que afetarão negativamente a saúde e bem-estar mental e físico do corrupto, assim como o de sua família, parentes e amigos. Ônus psíquicos invocam sentimentos pessoais de culpa. Ônus psíquicos são reconhecidos como tendo uma poderosa influência na decisão de um indivíduo em cometer atos de corrupção — "as pessoas obedecem às leis porque elas internalizam as vedações legais externas" — Nichols (2012) citando Baker (1999).

Compreendendo a lógica que pode levar um indivíduo a se corromper, contribui para o desenvolvimento de programas preventivos tais como, informar os representantes públicos e a população em geral sobre os grandes riscos envolvidos na decisão de se corromper, incluindo os pesados danos impostos à família e parentes, medidas que podem consistir em ferramenta eficaz para evitar e reduzir os níveis de corrupção.

O juiz A. Miller (MILLER, 2004) enfatiza que, em adição e no interesse da prevenção e punição de atos de corrupção, é imperativo que a legislação sobre abuso de função pública seja suficientemente sofisticada para prescrever severas sanções no código penal, uma posição compartilhada pelo juiz J. Rakoff (RAKOFF, 2015), que advoga que a prisão é a melhor vacina contra a corrupção e ainda Eva Joly[2], que acredita que, se existe o real desejo de combater a corrupção, não se pode depender apenas de boas campanhas para boa conduta ética e moral, mas "você tem que prender alguém" (SOLHEIM, 2015).

---

[2] Eva Joly — Magistrada investigativa francesa da Alta Corte de Justiça da França, nascida na Noruega, famosa em sua luta contra a corrupção, mais conhecida por sua firme atuação no maior escândalo de corrupção da Europa desde a 2ª Guerra Mundial envolvendo a gigante estatal francesa de petróleo Elf-Acquitane. O monumental caso judicial que envolveu o Ministro de Relações Exteriores da França (Roland Dumas) levou 8 anos até seu encerramento em 2003, e teve 37 réus, inclusive o presidente do conselho da empresa (nomeado em 1989 por Mitterrand) e sua esposa, a qual foi inclusive ameaçada de morte. O escândalo veio à tona após a privatização da Elf-Acquitane em 1994 com seu controle passando à empresa francesa Total. Eva Joly disse que as mais importantes lições que aprendeu durante o processo de investigação foram: (i) grandes investigações consomem grande quantidade de tempo, demandando grande motivação da equipe de investigação e flexibilidade do sistema. Entendeu que, na época, o judiciário francês mostrou-se despreparado para conduzir esse tipo de investigação; (ii) o apoio de países e instituições estrangeiras é vital, em especial quando beneficiários de contas bancárias no exterior necessitam ser identificados. Mais informações disponíveis em: https://www.theguardian.com/business/2003/nov/13/france.oilandpetrol (conteúdo em inglês) — Acesso em: 03/10/2017 e http://www.csd.bg/artShow.php?id=404 (conteúdo em inglês) — Acesso em: 03/10/2017.

As formas como o legislativo avalia o que é conduta abusiva em um cargo público e com a qual tal conduta é punida são uma medida da capacidade do sistema de levar a sério os valores e expectativas da sociedade e vistas pelo cidadão comum como justas e legítimas.

A Manipulação pela Mídia

O que chega ao cidadão como informação é algo, muitas vezes, filtrado e manipulado pela mídia, que há muito exerce influência e controle sobre a sociedade e a ordem em que vivemos.

Em um capítulo bônus especial me aprofundo mais no tema A Manipulação pela Mídia. Acesse www.altabooks.com.br e busque pelo título do livro para entender como a Mídia está diretamente involucrada no contexto da corrupção.

* * *

O Comportamento Problemático

Iniciando em meados da década de 1990, várias organizações começaram a desenvolver índices de corrupção com base nas suas percepções e de diversas entidades com o objetivo de acessar quantitativamente a gravidade da corrupção em um grande número de países. Em razão da importância da corrupção nas agendas política, econômica e social, grande atenção tem sido dada pela literatura para a questão.

O critério de calcular esses índices de corrupção com base na sua metódica e lógica percepção é necessário e justificado tendo em vista que medir/calcular o nível de corrupção de um país em termos monetários é impossível exatamente por ser praticada por meio de obscuros crimes financeiros, como fraudes, lavagem de dinheiro, caixa 2, dinheiro em espécie e complexos esquemas legais e financeiros em nível doméstico e internacional, cujas detecções, quando ocorrem, se dão sempre com uma defasagem de tempo que pode envolver vários anos.

Os critérios técnicos baseados em percepção são amplamente utilizados por pesquisadores em estudos econométricos como uma variável dependente quando explorando as causas da corrupção ou como variável explanatória quando analisando suas consequências. Entre as organizações que desenvolveram índices de corrupção estão o Banco Mundial — Indicadores Mundiais de Governança (*Worldwide Governance Indicators* — WGI), *Transparency International* e *Political Risk Services Inc.*, que elaboram uma variedade de relatórios, incluindo o Guia Internacional de Risco País (*International Country Risk Guide* — ICRG) e Relatórios de Serviços de Risco Político por País (*Political Risk Services Country Reports* — PRSCR).

O índice WGI/Indicadores Mundiais de Governança (KAUFMANN et al., 2014) mostra que os níveis de corrupção dos países ricos, em desenvolvimento e pobres flutuam em bandas ou intervalos em distintos patamares de corrupção baixa, alta e muito alta, respectivamente.

Como pode ser observado na Figura 1, o índice de corrupção do Brasil apresenta peculiaridades bastante claras. Em uma escala de 1 a 10, permaneceu em um patamar entre 4,0 e 4,5 entre 1976 e 1990 (do Regime Militar até Sarney). Entre 1991 e 2002, ficou em um patamar de 5,0 (de Fernando Collor a Fernando Henrique Cardoso). A partir de 2003 até 2016, observamos que o índice salta do nível de 5,0 para praticamente 6,0 (era Lulopetista), superando a China, cujo índice começa a cair, e se aproximando mais da Rússia, que apresenta também sinais de redução. Observamos que, enquanto muitos países têm logrado reduzir paulatinamente seus níveis de corrupção, no Brasil esta se agravou de forma avassaladora com sucessivos escândalos como Mensalão, Lava Jato, Petrolão e outros, causando gravíssima instabilidade institucional, econômica e social, com o desemprego e outros indicadores, como violência e moradores de rua, atingindo números jamais vistos.

A corrupção medida pelo Banco Mundial (*World Governance Indicators* — WGI) teve início em 1996, como demonstrado na Figura 1. Para calcular o índice de corrupção brasileiro de 1976 a 1996, utilizamos o modelo de equações estruturais empregado por (DREHER et al., 2007), que trabalha com as variáveis causas e indicadores de corrupção mensuráveis.

Além disso, são incluídos fatores políticos como ambiente democrático, sistema eleitoral e eficácia do sistema judicial, históricos/herança colonial, sociais e culturais, e econômicos, como grau de abertura, dependência em recursos naturais, comoditização, tamanho do setor público, investimento em infraestrutura e dependência externa.

Todos esses aspectos devem ser considerados ao se trabalhar com modelagem computadorizada e simulações.

É importante observar que a literatura existente aparenta sugerir que a corrupção aumentou a partir de bem antes do início de sua medição na década de 90. Entretanto, a história mostra precisamente o oposto, a despeito de não ser medida entre os séculos XVI e XIX e anteriores.

A história da Europa, por exemplo, mostra que a corrupção era mais elevada e consistia em um grande problema, tendo sido reduzida ao longo dos anos até os níveis atuais bem mais baixos. Os países europeus trabalharam duro para saírem de aristocracias monárquicas centralizadas para sólidas instituições político-econômicas mais participativas e igualitárias.

O nível de corrupção era seguramente mais alto no Brasil colonial (1530–1822) e imperial (1822–1889), assim como no período de Getúlio Vargas, do que o nível de corrupção da década de 1970, possivelmente a mais baixa da história — não existem registros de como chegaram ao nível de 1976 indicado na Figura 1. Não obstante, cabe registrar que nada se compara à dimensão da corrupção e valores estratosféricos alcançados na era Lula–Dilma.

Eventos históricos sugerem que a maior escala de ondas de imigração de diferentes países europeus que ocorreram no Brasil entre o final do século XIX e primeira metade do século XX contribuíram para o gradual fortalecimento das instituições político-econômicas brasileiras. Isso, porém, não impediu que a grande corrupção viesse a crescer a partir de 1990, mormente a partir de 2003. Esses fatores nos levam à pergunta a seguir (*research question*), que será expandida nas hipóteses que serão discutidas na sequência.

Pergunta/Pesquisa: Como a Corrupção
afeta o bem-estar no Brasil?

Como podemos observar (Figura 1), a história da corrupção no Brasil sofreu um forte golpe no início deste século XXI, a partir de 2003. De um patamar já considerado alto, cerca de 5,0 na escala de zero a 10, a corrupção se agravou de forma sem precedentes, ficando totalmente fora de controle. No início de 2015, o Brasil ficou em último lugar no Relatório de Propina e Corrupção em uma lista de 61 países incluídos na relação do conceituado Instituto para Gestão e Desenvolvimento (IMD — *International Institute for Management Development*) no Relatório Anual de Competitividade de 2015 (WCY — *World Competitiveness Yearbook*).

O aumento da corrupção no Brasil foi seguido pela piora de sua competitividade geral, caindo da 38ª posição em 2009 para a 56ª posição em 2015 e, no quesito efetividade do governo, caiu da 52ª para a 60ª posição, respectivamente (IMD, 2015). Esse mesmo instituto IMD avalia que o indicador de corrupção para 2016 chega a 9,4 em 10 (KAUFMANN et al., 2017).

18   Corrupção — O mal do século

Um grande esquema de corrupção liderado pelo governo, política e ideologicamente motivado, foi promovido sob a liderança do recém-eleito (2002) líder sindical, Luiz Inácio Lula da Silva (Lula), reeleito para o período de 2006–2010, assim como de sua sucessora, ex-ativista de esquerda da década de 60, Dilma Rousseff, por dois mandatos sucessivos (2010–2014 e 2014–2018).

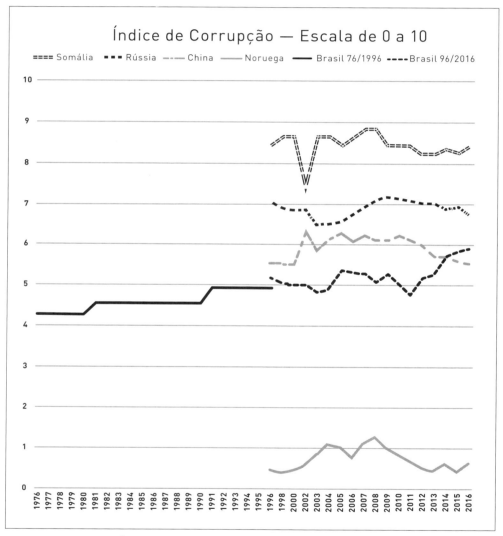

Figura 1[1]: Índice de Corrupção (Atual) — em escala de 0 a 10 — 1976 a 2016

---

[1] Os índices originais foram recompilados para uma escala de 0 mínimo a 10 máximo.

Juntos, e com o apoio de seu Partido dos Trabalhadores (PT), orquestraram o maior esquema de corrupção sem paralelo na história do Brasil, para assegurar seu projeto de domínio permanente[2], desviando muitos bilhões de reais para o PT e seus aliados e enriquecimento pessoal de muitos parentes e compadres/cúmplices/colaboradores e, ainda que de forma indireta e camuflada, deles próprios. Ironicamente, todo o discurso das campanhas de Lula nas eleições de 2002 e anteriores (em que perdeu) foi seu compromisso com a erradicação da corrupção no Brasil.

Conforme amplamente divulgado em toda a imprensa nacional, os governos de Lula e Dilma Rousseff foram protagonistas de gigantescos escândalos como Mensalão, Petrolão, Lava Jato, Correios, BNDES, Fundos de Pensão de Estatais, financiamentos irregulares a Cuba, Venezuela e outros países da América Latina e África. Ocorreram muitos outros escândalos, como a do gigantesco esquema de sonegação fiscal que soma R$19 bilhões da Operação Zelotes deflagrada em 2015 envolvendo o Ministério da Fazenda (Conselho Administrativo de Recursos Fiscais — Carf) e a investigação de 74 processos, destacando-se alguns dos maiores grupos empresariais do Brasil, como Gerdau, BankBoston-Itaú-Unibanco, Banco Santander, Bradesco, Banco Safra, Mundial-Eberle, Ford, Mitsubishi, Hyundai, o Grupo RBS afiliado da Rede Globo e a LTF Marketing de Luis Cláudio Lula da Silva, um dos filhos de Lula. O ex-presidente Lula também está sendo investigado. É assombroso o fato de o Carf julgar atualmente processos que somam cerca de R$580 bilhões, mais que 8% do PIB nacional.[3]

A Petrobras, outrora orgulho nacional e joia da coroa, despencou da posição de 5ª maior empresa do mundo em 2008, com valor de mercado atingindo USD254 bilhões, para a 30ª em 2013 e 416ª em 2015. Seu valor de mercado despencou de USD87 bilhões para USD44 bilhões entre 2014 e 2015.[4]

---

[2] Programa Roda Viva, 13 de março, 2015.

[3] Folha de S.Paulo — entenda a operação Zelotes da Polícia Federal — 01 de outubro de 2017. Impressiona que o Carf julga hoje processos que correspondem a R$580 bilhões, mais de 8% do PIB nacional.

[4] Revista Forbes. Evolução do valor de mercado da Petrobras entre 01/03/2005 a 01/11/2017. Disponível em: http://www.macrotrends.net/stocks/charts/PBR/market-cap/petrobras-adr-c-market-cap-history (conteúdo em inglês) — Acesso em: 04/11/2017.

Os governos de Lula e Dilma Rousseff transformaram o Brasil em um típico sistema populista de "pão e circo"; detiveram ainda o controle do Congresso e do Judiciário com um nível de corrupção que levou o país a uma crise institucional sem precedentes — uma tempestade perfeita (*perfect storm*) que levou a grandes demonstrações de protesto em 2015, incluindo panelaços, contra a corrupção envolvendo milhões de pessoas em todo o território nacional exigindo o *impeachment* de Dilma Rousseff, que iniciou em 02 de dezembro de 2015 e foi concluído em 31 de agosto de 2016.

Lula, por sua vez, é réu em seis ações penais envolvendo corrupção e já foi condenado em uma delas pelo juiz federal Sérgio Moro. Entre as irregularidades, encontram-se seu envolvimento nos casos do triplex do Guarujá, Sítio de Atibaia e tráfico de influência entre 2011 e 2014, quando o BNDES concedeu USD4,1 bilhões em financiamentos a vários países incluindo Cuba, República Dominicana, Gana e Venezuela.[5]

O PIB caiu de USD13.167 *per capita* (PIB de USD2,616 trilhões) em 2011 para USD8,649 *per capita* em 2016 (PIB de USD1,796 trilhão)[6]. O número de desempregados e subocupados chega a um patamar insustentável (26,3 milhões de trabalhadores/junho de 2017).[7]

* * *

---

[5] Revista Época, 1 maio, 2015.

[6] Banco Mundial

[7] IBGE

Metodologia

A análise conceitual é o ponto de partida do processo de modelagem, e o Diagrama de Círculos de Causalidade (*Causal Loop Diagram* — CLD) foi considerado o melhor método para ilustrar e comunicar a estrutura do problema da corrupção no Brasil para a população, trabalhadores e eleitores em geral, inclusive jovens, estudantes, acadêmicos, legisladores, agências multilaterais, ONGs, e outros devidamente amparados em ampla pesquisa da literatura existente de forma a subsidiar as validações empíricas das principais inter-relações. É baseado no entendimento de que a exploração do problema da corrupção adotando a metodologia de dinâmica de sistemas necessita seguir um padrão organizado, cuidadoso e lógico para que seja bem-sucedido.

A construção de um modelo é um processo interativo, e lidar com um problema da tamanha complexidade que a corrupção no Brasil representa demanda a adoção do racional aqui utilizado. Este racional está alinhado com o prescrito por Haraldsson & Sverdrup (2005), em que modelos qualitativos bem-fundamentados, como o Diagrama de Círculos de Causalidade/CLD, precedem ações de construção de simulações computadorizadas.

O Diagrama de Círculos de Causalidade/CLD é igualmente visto como uma perfeita ferramenta para uma comunicação mental entre pessoas de distintas origens e formações étnicas, culturais e acadêmicas. Sterman (2000) apoia essa linha de pensamento na medida em que acredita que o CLD é uma excelente ferramenta para conceituação.

Diagramas de Círculos de Causalidade/CLD e Diagramas de Estoque e Fluxos/SFD (*Stock and Flow Diagrams*) podem ser desenvolvidos simultaneamente, porém, considerando a alta complexidade envolvida na pesquisa e análise da corrupção, além do fato de especialistas em dinâmica de sistemas não haverem ainda adentrado o estudo da corrupção (ULLAH, 2012), concluímos que a melhor abordagem está em começar por focar a atenção e em realizar profundo e detalhado estudo da literatura, em dados empíricos e na análise de diagrama de círculos de causalidade/CLD de forma a garantir que se atinja o objetivo e a qualidade desta importante obra.

Este livro emprega um conceito de pesquisa intensiva consistindo de: (i) *construção de uma visão clara* — utilizando uma pesquisa detalhada e revisão crítica da literatura existente e dados empíricos, além de conceitos e aplicações didáticas de dinâmica de sistemas (STERMAN, 2000), a visão da abordagem e estrutura do livro se torna mais cristalina e consolidada; (ii) *desenvolvimento de conceitualização e substância* — em seguida, foi visto como vital que o livro desenvolvesse um bom conteúdo e fundação, criando um sólido entendimento da dinâmica da corrupção juntamente com as respostas (*feedbacks*), os atrasos (*delays*) e as acumulações (*accumulations*) envolvidas; e (iii) *harmonizar as diferentes disciplinas em uma única linguagem* — dinâmica de sistemas, economia, ciências políticas, sociologia, política, direito, tributos, finanças, transações ilícitas, fraudes e história, entre outras.

O Conceito de Dinâmica de Sistemas

Seu princípio básico é que a vida é um sistema dinâmico composto por vários subsistemas, com agentes em permanente transformação e que, na medida em que são interconectados e interdependentes, se realimentam por múltiplos círculos de causalidade virtuosos/positivos e destrutivos/negativos em que o tempo, intervalos ou defasagens (*delays*) entre os diferentes componentes geram efeitos de acumulação, podendo chegar por exemplo ao colapso econômico-social de uma nação e suas instituições.

Sua modelagem permite que sejam introduzidas ações ou políticas que irão diminuir ou eliminar os efeitos negativos existentes e identificados, além de permitirem aumentar os efeitos positivos. Dinâmica de sistemas constitui a base do pensamento sistêmico, conceito que permite ver o todo no desenvolvimento das soluções necessárias e eficazes.

Em muitos casos, esses processos e suas respectivas causas e efeitos ocorrem de forma quase imperceptível ao longo de anos, décadas e até mesmo gerações, com o agravante de que são complexos, não lineares e exponenciais. É o caso da dinâmica envolvendo a corrupção — não ocorre de forma isolada, mas intimamente ligada, com várias intercorrências que se multiplicam e ganham maior força, como os efeitos colaterais destruidores nas áreas sociais que serão demonstrados neste livro.

Com essa visão de sistema, pode-se identificar mais claramente os problemas e neles interferir, inserindo processos construtivos e processos atenuadores (balanceadores/B), os quais, juntos, reduzirão a força dos círculos destrutivos de reforço/R, estancando ou invertendo o processo de acumulação da gravidade do problema.

Diagrama de Círculos de Causalidade, Círculos de Reforço e Balanceamento, Ligações/Conexões e Polaridade

O Diagrama de Círculos de Causalidade (*Causal Loop Diagram* — CLD) é utilizado para estudar qualitativamente a dinâmica de diferentes processos. O Círculo (ou *Loop*) de Causalidade é um círculo formado por atividades ou variáveis interligadas por ligações/conexões representadas por setas que indicam a direção da variável causa para a variável efeito conforme ilustrado por este simples exemplo (Figura 2). Existem dois tipos de ligações/conexões de causalidade, a que possui polaridade positiva (+) e a de polaridade negativa/inversa (–).

Na ligação/conexão com polaridade positiva (+), o aumento ou redução da variável gera um impacto no mesmo sentido na variável efeito. Neste exemplo da Figura 2, as variáveis Pobreza e Corrupção são tanto causa como efeito porque o aumento ou redução em uma gera um efeito no mesmo sentido na outra — dessa forma, a ligação/conexão entre as variáveis Pobreza e Corrupção é positiva (+). Pobreza é a variável causa ou origem que possui a Corrupção como um dos efeitos. Pode-se dizer que, quanto maior a pobreza, maior a corrupção e que, quanto menor a pobreza, menor a corrupção. De forma análoga, quanto maior a variável corrupção, maior o efeito na variável pobreza, e, quanto menor a corrupção, menor a pobreza.

Pobreza/Corrupção/Pobreza formam o que chamamos de Círculo de Causalidade de Reforço/R ou Positivo/No Mesmo Sentido, que se realimenta e agrava na medida em que uma de suas duas variáveis aumenta, seja pobreza ou corrupção. De igual sorte, esse processo pode agir de forma atenuante com menos pobreza tendo como efeito menos corrupção e menos corrupção tendo como efeito menos pobreza.

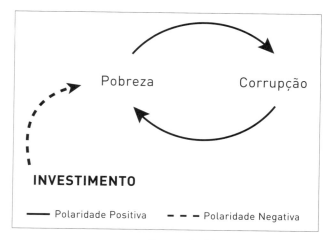

Figura 2: Círculo de Causalidade (*Causal Loop*)

Na ligação/conexão com polaridade negativa (–), o aumento ou redução da variável gera um impacto em sentido contrário na variável efeito, representada na Figura 2 pela seta tracejada entre investimento e pobreza. O aumento do investimento em melhor educação e criação de empregos causa um efeito inverso na pobreza, ou seja, sua redução, e, como consequência, também há uma redução na corrupção, o que, pelo processo de realimentação, reduz também a pobreza. Um processo oposto ocorre se houver a redução do investimento em melhor educação e criação de empregos.

O círculo onde estará inserido o "investimento" em melhor educação e criação de empregos formará um Círculo de Causalidade de Balanceamento/B ou Negativo/Efeito Inverso, ação que reduzirá a pobreza e a corrupção.

Para confecção do diagnóstico e análise do complexo processo que envolve a corrupção, a ferramenta de dinâmica de sistemas mais adequada é o Diagrama de Círculos de Causalidade ou *Causal Loop Diagram* (CLD — Figura 4), equivalente nome técnico em inglês, uma vez que o diagrama de círculos de causalidade/CLD permite a melhor visualização da lógica e dinâmica envolvida, assim como sua comunicação entre as várias disciplinas diferentes e definição de ações e políticas mais eficazes para a sua solução.

Diagrama de Estoques e Fluxos (Stock and Flow Diagram — SFD)

O Diagrama de Estoques e Fluxos/SFD (Figura 3) é utilizado nas análises quantitativas de processos dinâmicos cuja modelagem é computadorizada em razão do grande volume de dados e simulações de projeções que são necessárias para a avaliação das distintas alternativas de soluções passíveis de adoção a partir dos resultados quantitativos projetados.

Estoques são acumulações e criam atrasos/defasagens (*delays*) em razão das diferenças entre as velocidades dos fluxos de entrada e dos fluxos de saída. Essas diferenças geram acumulação ou redução dos estoques.

Conforme explicado acima, a metodologia concebida como a mais adequada para a análise do problema da corrupção no Brasil é a de Diagrama de Círculos de Causalidade/CLD (Figura 4). A sistemática de SFD é aqui explicada brevemente para fins didáticos uma vez que não será utilizada no estudo contido nesta obra.

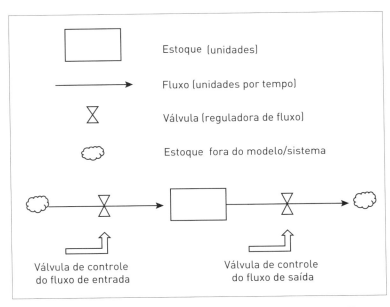

Figura 3: Simbologia do Diagrama de Estoques e Fluxos

* * *

Análise Geral da Hipótese

Existe uma forte e negativa/oposta associação entre níveis de renda e corrupção. Muitos *experts* em economia veem a grande corrupção como uma das maiores ameaças e obstáculos para a redução da pobreza global, assim como um grande obstáculo para o desenvolvimento, particularmente em países de baixa renda. A hipótese para as causas e consequências do problema da corrupção foi desenvolvida com a utilização da metodologia descrita no capítulo anterior.

A estrutura do diagrama causal apresentado na Figura 4 sumariza as relações-chave de causa e efeito hipotetizadas envolvidas no processo de corrupção no Brasil. Suas ligações causais são corroboradas por descobertas de renomados pesquisadores juntamente com descobertas empíricas e serão discutidas em detalhe juntamente com cada um dos 27 círculos de causalidade (*causal loops*) no próximo capítulo.

A dinâmica da corrupção é fortemente impactada por sete círculos dominantes de reforço/R (*reinforcing dominating loops*): (i) R1 — Círculo Corrupção–Instituições; (ii) R2 — R2.1 — Círculo Desigualdade–Pobreza e R2.2 — Círculo Pobreza–Populismo; (iii) R3 — Círculo Tráfico de Influência (*Lobby*); (iv) R4 — Círculo Corrupção–Accountability; (v) R5 — Círculo Setor Público; (vi) R6 — Círculo Economia Informal; e (vii) R7 — Círculo Mercado Negro de Câmbio. Estes 7 círculos se expandem em 18 círculos de reforço.

As forças de balanceamento existentes são representadas por quatro círculos principais de balanceamento/B: (i) B1 — Círculo de Fortes Instituições; e três círculos relacionados a desenvolvimento/crescimento: (ii) B2 — Círculo de Investimentos Privados; (iii) B3 — Círculo de Investimentos Públicos; e (iv) B4

— Círculo de Capital Humano. Esses 4 círculos se expandem em 9 círculos de balanceamento.

A dinâmica da corrupção no Brasil é caracterizada por círculos de reforço/R, que giram com velocidade e estimulam o aumento da corrupção, e por longos e lentos círculos de balanceamento/B de resposta (*balancing feedback loops*), que atuam para a sua redução, um fato que agrava o problema de corrupção no Brasil. Até o momento, os círculos de balanceamento/B não têm tido suficiente força para superar a força dos sete círculos dominantes destrutivos de reforço/R, fato que explica o motivo pelo qual a corrupção no Brasil segue crescendo em ritmo e níveis assustadores, ultrapassando a China e se aproximando da Rússia.

* * *

Análise Geral da Hipótese 29

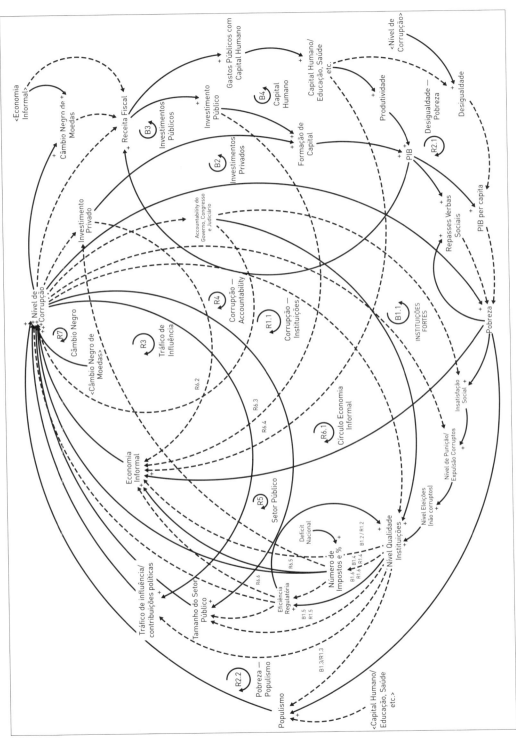

Figura 4: Corrupção/Estrutura de Diagrama de Círculos de Causalidade

Análise Individual das Hipóteses

As principais relações de causa e efeito que movem o processo de corrupção estão representadas nas estruturas de diagrama de círculos de causalidade neste capítulo e foram extensivamente analisadas e amparadas pela literatura existente — pesquisa da relação entre corrupção e principais variáveis como tráfico de influência (*lobby*), populismo, investimento, renda *per capita*, instituições/governança, economia informal, pobreza, educação, impostos, transações ilegais e judiciário.

Esta análise descreverá cada uma das hipóteses dos 18 círculos de reforço/R e dos 9 círculos de balanceamento/B contidos no diagrama de círculos de causalidade/CLD da Figura 4 juntamente com as respectivas variáveis e ligações/conexões causais. Cabe observar que, nas estruturas dinâmicas aqui representadas, é comum que variáveis façam parte de um ou mais círculos de causalidade.

É igualmente importante ter em mente que existem retornos, atrasos/defasagens de tempo (as repostas não são instantâneas) e acumulações (e inércia) envolvidos nessas dinâmicas que muitas vezes são desapercebidas por estudiosos e legisladores.

Este livro supre a necessidade desse entendimento, que é de grande importância para que sejam evitados erros frequentes e imediatismo. Essas dinâmicas irão gerar comportamentos em consonância com as forças dos círculos positivos ou de reforço/R e negativos ou de balanceamento/B e para a eficácia das ações/políticas existentes e recomendadas. O diagrama de causalidade é uma ferramenta extraordinária para auxiliar na análise e concepção de estratégias para reduzir a corrupção antes que modelagens computadorizadas sejam experimentadas para projeções e simulações.

A ligação/conexão "corrupção-nível de qualidade das instituições" é destacadamente a mais destrutiva ligação/conexão causal na dinâmica da corrupção. Os níveis de *accountability* institucional e qualidade do sistema eleitoral são consideradas entre as mais fortes variáveis que podem reduzir e controlar a corrupção consoante a literatura pesquisada, fato que corrobora com a forma devastadora de como a corrupção vem evoluindo no Brasil a partir de 2003. Esses dois fluxos de variáveis convergem e se encontram na variável qualidade das instituições com forças opostas de reforço destrutivas/R e de balanceamento construtivas/B tipificadas por R1 e B1 e discutidas em "Grupo de Círculos de Reforço R1 — Corrupção — [Qualidade das] Instituições/Governança, Círculos de Reforço" e "Instituições Fortes", respectivamente (veja as Figuras 7 e 8).

Causas e Consequências Diretas da Corrupção

John Sterman (2000, pp. 189–190) destacou que as causas são usualmente encontradas na estrutura e políticas do sistema, razão pela qual, antes de proceder com a análise individualizada de cada círculo, é importante apresentar dois diagramas parciais contendo as variáveis-chave que (i) diretamente causam aumento ou redução no nível de corrupção e (ii) são consequências diretas da corrupção, conforme ilustrado nas Figuras 5 e 6.

Essas duas representações gráficas demonstrando as interdependências diretas da variável corrupção no Brasil facilitam a visualização da estrutura e forças das variáveis envolvidas e, consequentemente, permitem uma melhor compreensão quando cada círculo é discutido individualmente nos itens "Grupo de Círculos de Reforço R1 — Corrupção — [Qualidade das] Instituições/Governança, Círculos de Reforço" e seguintes.

Geradores diretos da corrupção

Como pode ser observado na Figura 5, existem oito variáveis que, juntas e diretamente, geram as mudanças no nível de corrupção no Brasil: (i) populismo, (ii) tráfico de influência/contribuições políticas, (iii) tamanho do setor público, (iv) eficiência regulatória, (v) quantidade de impostos e percentuais, (vi) economia informal, (vii) *accountability* institucional, e (viii) mercado de câmbio negro. O nível de qualidade das instituições é uma variável-chave que irá influenciar e ajudar a determinar os níveis dessas oito variáveis causais. Os níveis de capital humano/educação e pobreza ajudarão a determinar os níveis de populismo e economia informal.

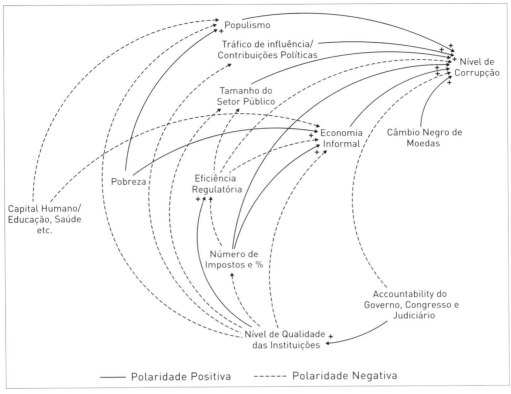

Figura 5: Geradores Diretos da Corrupção

Efeitos diretos da corrupção

Conforme demonstrado na Figura 6, existem dez variáveis que são parcialmente consequências dos níveis de corrupção no Brasil: (i) mercado de câmbio negro, (ii) receitas tributárias do governo/investimento público/despesas públicas em capital humano, (iii) investimento privado, (iv) desigualdade/PIB *per capita*, (v) pobreza, (vi) nível de punição/afastamento de corruptos/nível de qualidade das eleições (não corruptos), (vii) *accountability* institucional, (viii) nível de qualidade das instituições, (ix) tamanho do setor público, e (x) nível de tráfico de influência/contribuições políticas.

34 Corrupção — O mal do século

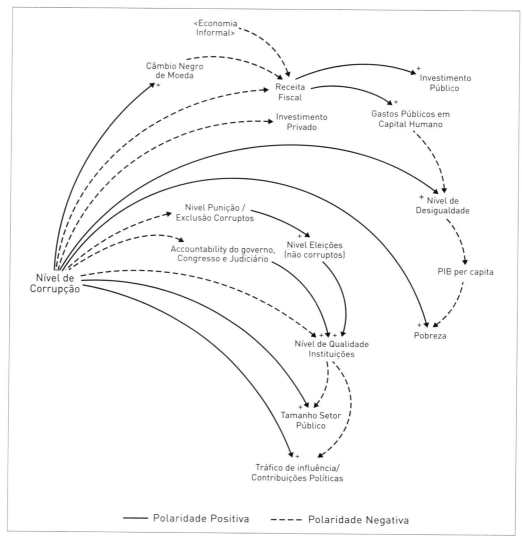

Figura 6: Efeitos Diretos da Corrupção

Grupo de Círculos de Reforço R1 — Corrupção — [Qualidade das] Instituições/Governança, Círculos de Reforço

O grupo de círculos de reforço R1 é composto por seis círculos, R1.1 a R1.6:

Círculo R1.1 — Corrupção–instituições, círculo rápido e dominante de reforço

Tráfico de influência/contribuições políticas está entre as maiores causas diretas da corrupção e é uma consequência de instituições/governança fracas. Corrupção é uma variável com raízes profundas que sempre esteve presente no Brasil, agindo diretamente na corrosão da qualidade das instituições, o sistema nervoso central do país e adentrando em todos os espaços da estrutura de governo, contaminando o Estado de direito e o estado de bem-estar social. As dinâmicas dessas três variáveis reforçam uma à outra criando um efeito espiral que forma o círculo R1.1.

É importante notar que fluxos de reforço e de balanceamento convergem se encontrando na variável Nível de Qualidade das Instituições/Governança (*Level of Quality of Institutions*). O arquétipo do círculo de reforço R1.1 é sua natureza de rotação rápida, estimulando o aumento da corrupção devido à direta e existente relação endógena entre corrupção–qualidade das instituições, qualidade das instituições–tráfico de influência e tráfico de influência–corrupção. O círculo de balanceamento B1.1, em contrapartida, é caracterizado por sua natureza de rotação lenta e é discutido em "Instituições Fortes".

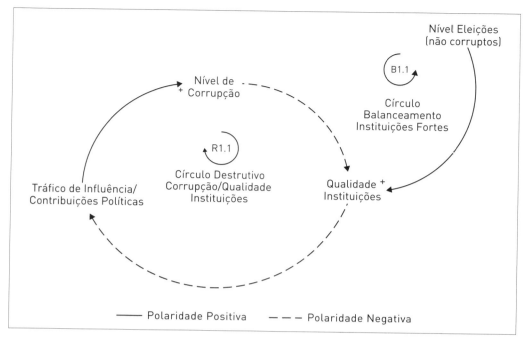

Figura 7: Círculos R1.1 Corrupção — Instituições e B1.1 Instituicções Fortes

Esse fenômeno é bastante visível no caso do Brasil, onde a corrupção inicia no governo e expande para o congresso e judiciário, se espalhando por seus 26 estados e mais de 5.000 municípios em todo o país.

A variável determinante neste círculo R1.1 é a variável Tráfico de Influência/Contribuições Políticas (*Trading in Influence/Political Contributions*), onde boa parte da grande corrupção tem origem e, assim, é explorada individualmente em "Tráfico de Influência, Círculo Dominante de Reforço — R3", onde o círculo de reforço R3 é discutido em maior detalhe.

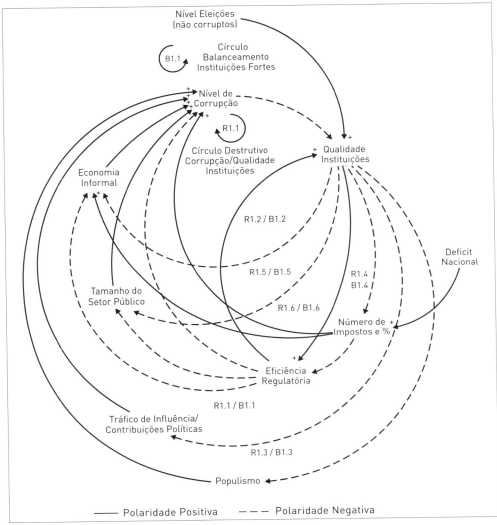

Figura 8: Círculos Dominantes Convergentes R1 e B1

Círculo R1.2 — Corrupção-instituições-economia informal

Inúmeros trabalhos de pesquisa fazem a ligação entre a corrupção e o tamanho da economia informal em razão e por meio de instituições debilitadas pela corrupção.[1] Informalidade é um fenômeno econômico que, em seus níveis mais elevados

---

[1] (Dreher et al., 2007; Dreher & Schneider, 2006; Friedman, Johnson, Kaufmann, & Zoido-Lobaton, 2000; Hibbs & Piculescu, 2005; Hindriks, Keen, & Muthoo, 1999; Johnson, Kaufmann, & Zoido-Lobaton, 1999).

como visto no Brasil, onde a economia informal corresponde a 40% do PIB (ARVATE, LUCINDA, & SCHNEIDER, 2004), está também associada à pobreza e à evasão fiscal.

A essência da economia informal ou subterrânea no Brasil está associada às atividades voltadas para o não pagamento de impostos e para a contravenção — como resultado, a corrupção é intrínseca à natureza dessa área cinzenta ou não oficial da economia. Essa área inclui transações ilícitas transfronteiriças, lavagem de dinheiro, contrabando, mercadoria roubada, narcotráfico, entre outras. A informalidade e a economia subterrânea serão analisadas mais adiante em item específico, no qual os círculos de economia informal e impostos são endereçados (R6.1 a R6.6).

Círculo R1.3 — Corrupção–instituições–populismo

Os governos populistas na América Latina são conhecidos por seus esforços no sentido de chegarem a um regime totalitário. O Brasil é uma democracia relativamente jovem e frágil que, a partir de 2003, passou a ser governada por um regime populista com uma ideologia comunista lulocastrista (Foro de São Paulo), a despeito de democraticamente eleito.

Lula e Dilma Rousseff fizeram uso de uma constituição democrática para implantar uma cleptocracia de compadres com seu Partido dos Trabalhadores/PT aliado ao PMDB e outros partidos, que se estendeu ao Congresso e Judiciário. Desde 2003 e até o *impeachment* de Dilma Rousseff em 31 de agosto de 2016, Lula, Dilma e seu grupo assaltaram escancaradamente os cofres públicos de forma jamais vista na história, criando uma astronômica crise sistêmica institucional sem precedentes e fazendo com que a corrupção ficasse totalmente fora de controle, conforme discutido no "Círculo R2.1 e R2.2 — Corrupção–Desigualdade–Pobreza–Populismo, Círculos de Reforço Dominantes" no círculo causal R2.2.

Círculo R1.4 — Corrupção–instituições–número de impostos e percentuais

A corrupção no Brasil promove também o aumento do número de impostos e de seus percentuais no esforço do governo em cobrir suas ineficiências e tamanho gigante, assim como os custos com a corrupção.

O Brasil é conhecido como detentor de uma das maiores quantidades de impostos do planeta assim como uma das maiores taxas de impostos. Mais de 36,3% de toda a riqueza gerada pelo Brasil em 2012[2] (bem acima dos 22,5% de 1987, no início do período de redemocratização, e dos 30% em 2002)[3] foi transferida do setor produtivo da economia para o setor improdutivo (governo) sem o correspondente retorno em serviços e infraestrutura.

Esse excessivo número de impostos e seus elevados percentuais causa diretamente um aumento na economia informal, com várias consequências, entre elas a alta taxa de evasão fiscal de 13% do PIB nacional, que serão analisadas mais adiante em item específico, círculos causais R6.1 a R6.6.[4]

Círculo R1.5 — Corrupção–instituições–tamanho do setor público

O início do período da redemocratização brasileira em 1986 foi marcado pela implantação de um tamanho maior de governo com ministérios sendo utilizados como moeda de barganha em troca de apoio político — um dos pesados ônus que o Brasil, como uma jovem democracia, foi forçado a pagar de forma cada vez mais acintosa. Esse tema será discutido mais adiante em item específico, Círculo R5, setor público.

Círculo R1.6 — Corrupção–instituições–eficiência regulatória

Pesquisadores detectaram a associação entre a corrupção e a ação regulatória excessiva do governo.[5] O Brasil é um país altamente burocratizado, com elevado peso regulatório em todas as áreas, começando pelo grande número de regulamentação fiscal em razão de sua grande quantidade de impostos e taxas, juntas comerciais e cartórios espalhados em todas as partes para um mero reconhecimento de firma ou

---

[2] OECD e Veja Jan 2014. Disponível em: http://veja.abril.com.br/noticia/economia/carga-tributaria-brasileira-cresce-933-em-dois-anos/ — Acesso em: 08/03/2016.

[3] Instituto Brasileiro de Planejamento Tributário (IBPT) e também disponível em: http://veja.abril.com.br/idade/exclusivo/impostos-carga-tributaria/contexto2_g1.html — Acesso em: 12/12/2016.

[4] Valor Econômico 9 de Novembro de 2013. Disponível em: http://www.valor.com.br/brasil/3333552/no-mundo-brasil-so-perde-para-russia-em-sonegacao-fiscal-diz-estudo — Acesso em: 05/07/2016.

[5] (Ades & Di Tella, 1997, 1999; Djankov, La Porta, & Shleifer, 2002; Goel & Nelson, 2005; Svensson, 2005; Treisman, 2000).

até a autenticação de uma simples fotocópia.[6] Além de ser mais uma fonte de corrupção, a excessiva quantidade de regulamentação joga um grande contingente de trabalhadores e empresas para a economia informal, colocando maior pressão para o aumento da corrupção a patamares ainda mais elevados.

As forças destrutivas dos círculos causais R1.1 a R1.6 podem ser reduzidas ou mesmo anuladas por forças de balanceamento, como sistemas de boa governança e de controle e acompanhamento — também conhecidos como sistema de freios e contrapesos/*checks and balances* —, como acontece em todos os países onde a corrupção é menor. Esse tema será mais explorado mais adiante em item específico, que discutirá o círculo instituições sólidas.

Círculo R2.1 e R2.2 — Corrupção-Desigualdade-Pobreza-Populismo, Círculos de Reforço Dominantes

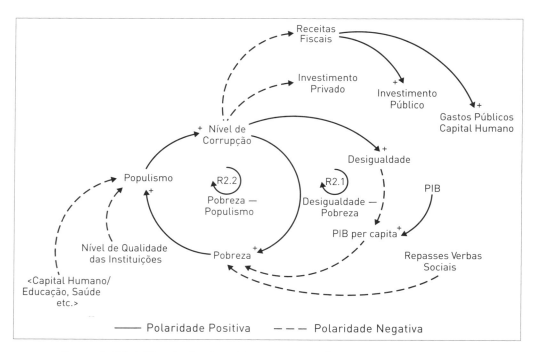

Figura 9: R2.1 Círculo Desigualdade–Pobreza/R2.2 Círculo Pobreza–Populismo

---

[6] A quantidade de cartórios no Brasil e o grande número de pessoas envolvidas nessa burocracia de carimbo é uma grande anomalia que se soma ao gigantesco e proibitivo Custo Brasil.

Circulo R2.1 — Desigualdade-pobreza

Corrupção-desenvolvimento/PIB per capita

Organizações internacionais, como o Banco Mundial, identificaram que a corrupção é destacadamente o maior obstáculo para o desenvolvimento econômico e social e estima que a corrupção global atinge, conservadoramente, USD1 trilhão a cada ano — o que corresponde a mais da metade do PIB brasileiro de 2016 (USD1,796 trilhão). O Banco Mundial estimou também que, com tais níveis de corrupção, os países que combaterem a corrupção, melhorarem a governança e a aplicação da lei podem aumentar a renda *per capita* em 400% (DREHER et al., 2007). Resultados empíricos mostram que a corrupção reduz o investimento e, como consequência, o crescimento econômico (GUPTA, DAVOODI, & TERME, 1998; MAURO, 1995).

Li, Xu, & Zou (2000) descobriram que, mesmo corrigindo erros de medição, a corrupção de fato prejudica o crescimento econômico. Mo (2001) também analisa o efeito da corrupção sobre o crescimento econômico observando que o canal mais importante por meio do qual a corrupção afeta o desenvolvimento econômico é a instabilidade política. A literatura mostra que, através de uma cadeia de crescimento que passa por investimentos, a corrupção reduz o crescimento e que a causalidade é unidirecional de corrupção para crescimento.

Causalidade corrupção-desigualdade

Pesquisadores, incluindo Gupta et al. (1998), demonstraram que a corrupção é uma das maiores causas da desigualdade devido a seu impacto na formação de capital humano e acesso desigual à educação. Testes mostram que a piora do índice de corrupção em um desvio padrão (2,52 pontos em uma escala de zero a dez) está associada a um aumento (piora) no coeficiente Gini de desigualdade de cerca de 4,4 pontos, o que é considerado bastante representativo.

No gráfico da Figura 10, podemos observar que, quanto maior o índice de corrupção de um país, maior é a desigualdade — os pontos no gráfico correspondem aos diferentes países. Tanzi (1995) argumentou também que os benefícios da corrupção são acumulados por aqueles melhor conectados que pertencem principalmente a grupos de alta renda. Li et al. (2000) constataram que a corrupção por si só também explica a grande proporção do diferencial nos coeficientes Gini de desigualdade entre países em desenvolvimento e países ricos.

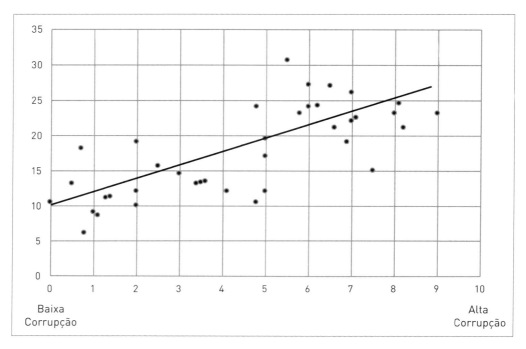

Figura 10: Eixo Vertical — Coeficiente Gini Ajustado[7] versus Eixo Horizontal — Índice de Corrupção (0 a 10) (GUPTA et al., 1998)

Círculo R2.2 — Pobreza-populismo

Causalidade corrupção-pobreza

A corrupção no Brasil é a principal causa da pobreza. Está confirmado pela história e endossado por diferentes organizações, como o Banco Mundial e os signatários da Declaração de New Haven de Direitos Humanos e Integridade Financeira

---

[7] O coeficiente Gini é utilizado para medir a distribuição de renda — consiste em um número entre 0 e 1, em que 0 corresponde à completa igualdade e 1 à completa desigualdade. No gráfico, o coeficiente está ajustado pela utilização de resultados de regressão.

(*New Haven Declaration on Human Rights and Financial Integrity*)[8]. É o mais grave e irreparável crime cometido contra a população do Brasil, causando a mais cruel, devastadora e incomensurável destruição socioeconômica — destruição do tecido social, fome, pobreza, desigualdade, desemprego, exclusão social, violência, instabilidade social, tráfico de drogas e armas, falta de infraestrutura (sanitária, água, transporte, educação, saúde, eletricidade, portos, estradas etc.). Usurpa o direito à vida e à dignidade de milhões de crianças, jovens, mulheres, homens e idosos — é a destruição da Nação.

A corrupção afeta o bem-estar da população em vários canais, incluindo menos crescimento econômico, sistemas tributários inadequados e baixa eficácia de programas sociais (GUPTA et al., 1998). Testes mostraram que um desvio padrão na taxa de aumento da corrupção (a deterioração de 0,78 pontos percentuais) está associado com uma queda de 1,6 pontos percentuais por ano na renda da camada dos 20% mais pobres da população, ou seja, quanto maior o nível de corrupção de um país, menor a renda da população mais pobre, conforme ilustrado graficamente na Figura 11, na qual os pontos do gráfico correspondem aos diferentes países.

Gupta et al. (1998) atestam de igual sorte que o impacto da corrupção na pobreza é considerável por duas importantes razões: (i) como a corrupção reduz o crescimento econômico, ela também reduz a taxa de redução da pobreza; e (ii) como a corrupção aumenta a desigualdade de renda, também reduzirá o crescimento econômico e, como consequência, limitará a redução da pobreza. Mostram também que a corrupção não apenas reduz o crescimento da renda dos pobres diretamente, mas também indiretamente, devido aos gastos sociais menores. Assim, concluem que políticas de redução da corrupção também reduzirão a desigualdade e a pobreza.

Crutchfield & Wadsworth (2003) e Muggah (2012) reiteram que pobreza e desigualdade geram violência, crime e instabilidade política e social que geram incerteza, consequentemente afetando investimentos privados e desenvolvimento econômico de forma negativa.

---

[8] Disponível em: http://www.gfintegrity.org/press-release/gfi-releases-new-haven-declaration-step-forward-fight-human-rights/ (conteúdo em inglês) — Acesso em: 20/10/2015.

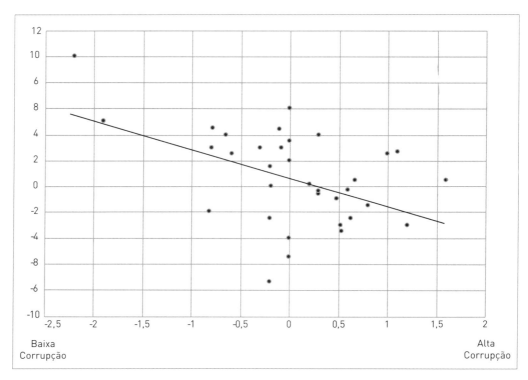

Figura 11: Eixo Vertical — Variação % da Renda da Camada dos 20% mais pobres versus Eixo Horizontal — Índice de Corrupção (-2,5 a +2,5) (GUPTA et al., 1998)

Causalidades corrupção-pobreza-populismo

Governos populistas possuem um nexo causal direto com a corrupção. Populismo é uma característica duradoura da política latino-americana. Com efeito, houve um ressurgimento recente de políticos populistas em vários países em desenvolvimento, particularmente na América Latina. A referência populista é comumente utilizada para aqueles políticos que fazem uso de uma retórica que agressivamente defende os interesses do homem mais simples, o pobre, o povo contra a elite privilegiada (ACEMOGLU, EGOROV, & KONSTANTIN, 2013).[9]

---

[9] O Dicionário *American Heritage* define populismo como "uma filosofia política que apoia os direitos e poderes das pessoas em sua luta contra as elites privilegiadas". Disponível em: http://ahdictionary.com/word/search.html?q=populism (conteúdo em inglês) — Acesso em: 19/05/2017.

O recorrente padrão do líder paternalístico — o "salvador da Pátria" — que manipula as massas está incorporado à cultura pública e ainda fracas democracias latino-americanas. Valores culturais favorecem a aparição de líderes inescrupulosos que alegam representar e defender os trabalhadores e os pobres, as "pessoas comuns", as "pessoas ordinárias" ou simplesmente "nosso povo" ou "nossos companheiros". Populismo na América Latina tem raízes estruturais e culturais — populismo com bases ideológicas (ARMONY, 2005).

Na América Latina, a caça ao poder por políticos populistas é baseada na segregação e totalitarismo — para alcançar seus objetivos, eles recorrem a falas e campanhas que promovem o ódio e a divisão da sociedade, "povo" e "antipovo" — o [menos avantajado] "povo" é bom, honesto, trabalha duro, e o "antipovo" é a elite que explora o "povo" (ALVAREZ, 2014).

O populismo usurpa os direitos individuais do povo. Alvarez destaca que a questão não é esquerda contra direita, como enfatizado pelos líderes populistas latino-americanos, mas sim populismo versus república [democrática], uma vez que é a república [democrática] que garante o funcionamento das instituições e o Estado de direito. Alvarez cita Mariano Grondona[10], que escreveu: "Populismo ama tanto os pobres que os multiplica", em outras palavras, o populismo promove a cultura do assistencialismo, do "pão e circo".

A despeito do acima, fora do alcance dos olhos do público, os líderes populistas do Brasil, por exemplo, estabelecem estreitos laços com a elite dominante muitas vezes envolvendo arreglos ilícitos e corrupção, como visto no caso do ex-presidente Lula, que responde a processos criminais na justiça, inclusive na Operação Lava Jato.

A literatura mostra também que existe um forte nexo causal entre populismo e corrupção (GLAESER, 2012). Corrupção existe em qualquer ideologia política, mas é mais acentuada em qualquer tipo de regime totalitário. Populismo é movido pelo poder e adota todo e qualquer meio, lícito e ilícito, para garantir seu projeto de poder permanente — a experiência de 13 anos do Brasil sob o regime populista lulocastrista deixou tudo isso que foi aqui exposto bastante cristalino, com um nível

---

[10] Sociólogo, cientista político e jornalista argentino.

de corrupção assombroso e sem controle e um ambiente político, social e institucional próximo ao colapso.

Líderes políticos populistas são carismáticos, personalistas e paternalistas, e utilizam essas características para angariar o apoio de um grande número de seguidores (WEYLAND, 2001). Eleições, demonstrações em massa e pesquisas de opinião são instrumentos cruciais com os quais líderes populistas mobilizam e demonstram sua capacidade típica. Populismo é caracterizado pela combinação de demagogia política, instabilidade organizacional, irresponsabilidade econômica e generosidade distributiva excessiva.

Os altos níveis de pobreza e desigualdade no Brasil criam o ambiente perfeito para plataformas populistas, pois são suas fontes de alimentação. Porém, a retórica e políticas populistas se encontram normalmente mais à esquerda das preferências do eleitor mediano e tais políticas podem causar mais estragos do que ajudar a maioria da população (ACEMOGLU et al., 2013).

O ex-presidente Lula (2003–2010), Hugo Chávez e Maduro da Venezuela e outros presidentes de países latino-americanos se enquadram nessa categoria. Lula sempre utilizou os sindicatos como massa de manobra para mobilizações de massas — seus programas de "pão e circo" funcionaram bem durante o *boom* de *commodities* impulsionado pelo supercrescimento, sem precedentes e histórico, de dois dígitos da China que beneficiou toda a economia mundial — os preços e a demanda das *commodities* brasileiras dispararam durante o *boom* chinês de 2003 a 2010, gerando um bom crescimento econômico no Brasil, com o PIB nacional passando de USD508 bilhões em 2002 para USD2,2 trilhões em 2010.

Com o fim do crescimento de dois dígitos da China em 2010 e o final do *boom* das *commodities* e respectiva queda na demanda e nos preços, sua sucessora Dilma Rousseff, eleita em 2010, encontrou dificuldades para manter as políticas populistas de seu criador e antecessor e o PIB nacional caiu para USD1,8 trilhão em 2016, com o Brasil entrando na pior crise de toda sua história.

Esse episódio que ocorreu no Brasil mostrou que, para que o populismo faça uso de sua demagogia de defensor dos pobres, manipulando-os e mentindo a eles, promovendo confronto dos mais pobres contra o resto da sociedade, é necessário mais do que instituições frágeis, é necessário que haja condições econômicas favoráveis, como ocorreu no período em que Lula presidiu o País, no *boom* das *commodities*.

Por essa razão, Lula escapou do *impeachment* na ocasião do escândalo do mensalão e Dilma Rousseff não escapou dos escândalos de corrupção estratosférica envolvendo a Petrobras, BNDES, Fundos de Pensão das Estatais e muitos outros combinados com a alta eficácia da Operação Lava Jato de Curitiba.

Os governos Lula–Dilma, mais que os anteriores, utilizaram transferências constitucionais e voluntárias de recursos financeiros como forma de exercer pressão sobre os prefeitos, fato considerado como uma forma institucional de corrupção para que estas prefeituras apoiassem os programas do governo federal — prefeitos mais "amigos" recebem mais recursos. Adicionalmente, fizeram grandes campanhas de propaganda de empresas estatais como uma forma de controlar a liberdade de imprensa da mídia em geral em relação ao governo — incluindo propaganda de governo.

Causalidades Corrupção–Pobreza–Repasses Sociais

De acordo com Schneider & Enste (2000) e outros, a corrupção impacta diretamente programas de transferências sociais, mais ainda em períodos de baixo crescimento como os que o Brasil tem atravessado a partir de 2012 com cortes forçados em programas sociais, cortes que prejudicam a ferramenta populista preferida de Lula–Dilma. Em períodos recessivos, a causalidade entre pobreza e transferências sociais é agravada.

A principal política do ex-presidente Lula em 2003, também adotada por sua sucessora, enfatizou o assistencialismo, considerado a maior força durante o processo de *marketing* das campanhas eleitorais. Apesar da elevada corrupção do primeiro mandato do ex-presidente Lula, o assistencialismo funcionou em razão do *boom* chinês, que favoreceu muito a economia brasileira, levando a população beneficiada com as distintas bolsas sociais a ignorarem os escândalos de corrupção como o Mensalão.

Tráfico de Influência, Círculo Dominante de Reforço — R3

Causalidade corrupção–tráfico de influência (lobbying)/ contribuições de campanhas políticas

Figura 12: R3 — Tráfico de Influência, círculo dominante de reforço

O círculo de reforço "corrupção–tráfico de influência" possui uma causalidade nos dois sentidos. Campos & Giovannoni (2006) afirmam que muita literatura atesta que *lobbying* é apenas uma forma especial de corrupção focada nas entidades legislativas ou elaboradoras das leis.[11] Em suas pesquisas empíricas, eles encontraram substancial evidência de que *lobbying* e corrupção são de fato substitutos (a mesma coisa) em economias em transição, como a brasileira.

No Brasil, *lobbying*, tráfico de influência incluindo atividades de contribuição de campanha, nomeações políticas para posições-chave em empresas estatais, nepotismo etc. estão entre os principais veículos por meio dos quais a grande corrupção é perpetrada — juntamente com suborno de políticos, oficiais de governo, membros do judiciário e agentes reguladores, eles geram um fenômeno na economia chamado "corrida para o fundo" (*race to the bottom*), que fazem deste círculo de reforço uma força dominante no modelo.

---

[11] Professor Juan Cole escreveu sobre as principais formas de tráfico de influência nos EUA e os números são astronômicos. Disponível em: http://www.juancole.com/2013/12/corrupt-country-world.html (conteúdo em inglês) — Acesso em: 15/10/2015.

As inter-relações dessas atividades com a corrupção têm sido pesquisadas por diversos acadêmicos, incluindo Campos & Giovannoni (2006), Coate & Morris, (1999), Dahm & Porteiro (2004), Damania, Fredricksson, & Mani (2004), Grossman & Helpman (2001), Harstad & Svensson (2005) e Yalcin & Damania (2005). Essas atividades são o berço para uma vasta gama de transações financeiras criminosas no Brasil, tanto dentro do país quanto no exterior.

Um exemplo empírico é o internacionalmente famoso escândalo da colossal corrupção que ocorreu na gigante Petrobras, outrora orgulho nacional, com ações negociadas na Bolsa de Valores de São Paulo (Bovespa) e de Nova York. Esse megaesquema de corrupção foi orquestrado desde 2002 e revelado pela operação Lava Jato a partir de 2014.

Esse esquema de corrupção na Petrobras funcionou a partir de nomeações de diretores em posições-chave feitas e coordenadas pelos governos dos ex-presidentes Lula e Dilma Rousseff para administrarem os atos de corrupção junto às maiores empreiteiras nacionais e estrangeiras. Os bilhões desviados da Petrobras tiveram como destino o autoenriquecimento dos mentores e líderes ligados ao governo, dos diretores da Petrobras que operavam o esquema, assim como do Partido dos Trabalhadores, seus aliados, e seu projeto de perpetuação no poder.

Todas as perdas oriundas dos superfaturamentos, obras bilionárias inacabadas, maus investimentos, como Pasadena (tendo Dilma Rousseff como Presidente do Conselho da Petrobras), e muitos outros foram arcadas pela população brasileira de inúmeras formas sociais e econômicas — uma cadeia de perdas incomensuráveis impostas à Petrobras, trabalhadores, fornecedores, investidores, incluindo grandes fundos de pensão de estatais, além da Petrobras ter que responder por milionárias ações judiciais, entre outros problemas[12] — esse esquema de corrupção na Petrobras está representado pelo diagrama de causalidade da Figura 13.

A descoberta desse astronômico esquema de corrupção pela operação Lava Jato acarretou em diversas consequências, como o *impeachment* de Dilma Rousseff, o indiciamento criminal e prisão de uma longa lista de suspeitos, que incluiu donos das grandes empreiteiras envolvidas, políticos e muitos outros.

---

[12] The Betrayal of Brazil, Bloomberg, 8 de maio de 2015. Disponível em: http://www.bloomberg.com/news/features/2015-05-08/brazil-s-massive-corruption-scandal-has-bitterness-replacing-hope (conteúdo em inglês) — Acesso em: 24/02/2016.

Incluídos entre os cerca de 49 políticos suspeitos e sob investigação estão o ex-presidente do Senado, Renan Calheiros, da Câmara dos Deputados, Eduardo Cunha (preso pela operação Lava Jato após a cassação de seu mandato) e o ex-presidente Fernando Collor de Mello.[13]

Não obstante, no Brasil, os políticos e uma vasta gama de agentes públicos são protegidos pelo regime do foro privilegiado, que os mantém fora do alcance da justiça que atinge os que não possuem essa blindagem judicial, podendo apenas ser julgados pelo Supremo Tribunal Federal, onde a operação Lava Jato leva o nome de "Petrolão". Com efeito, o foro privilegiado praticamente assegura a impunidade desses políticos, uma vez que até a data nenhum dos 49 políticos implicados no escândalo de corrupção da Petrobras foi julgado pelo STF.

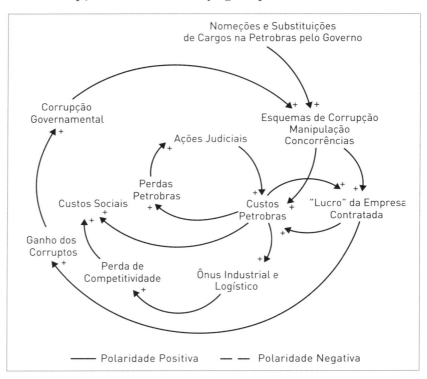

Figura 13: Diagrama de Círculos de Causalidade — Esquema de Corrupção na Petrobras

---

[13] Revista Veja e O Estado de S. Paulo 6 de março de 2015. Disponível em: http://veja.abril.com.br/noticia/brasil/lista-do-petrolao-reune-cupula-do-congresso-e-partidos/ — Acesso em: 15/09/2016; Disponível também em: http://politica.estadao.com.br/blogs/fausto-macedo/veja-a-lista-dos-deputados-e-senadores-sob-suspeita-da-lava-jato/ — Acesso em: 09/09/2016.

Na esfera de *lobbying*, interesses especiais e contribuições políticas, encontra-se também a atividade de *rent-seeking* (são "concessões" ou "explorações" sem a justa contrapartida ou pagamento pelo beneficiado), incluindo aquelas do mercado financeiro — instituições financeiras privadas como bancos e investidores (KHWAJA & MIAN, 2011) — e empresas de recursos naturais, entre outras.

A pesquisa mostra que corrupção e *rent-seeking* são tipicamente consequências de instituições fracas. Inclui as empresas politicamente conectadas que obtém *rents* (concessões) de bancos estatais na forma de empréstimos preferenciais em termos de maior acesso a vultosos créditos com taxas de juros menores, às vezes incluindo mega *defaults* (ou não pagamento, calote, descumprimento) — é também mais provável que sejam resgatadas pelo governo.

Dinc (2005) e Sapienza (2004) demonstram que empréstimos de bancos estatais em países em desenvolvimento são significativamente impactados por considerações políticas. Claessens, Feijen, & Laeven (2008) mostram que empresas brasileiras que fazem contribuições de campanha para candidatos eleitos obtêm maiores retornos e subsequentemente recebem maiores créditos de bancos estatais. Estimam que o efeito na economia dessa má alocação de custo de capital, sozinha, corresponde a 0,2% do PIB por ano — essas contribuições são limitadas a empresas publicamente listadas na bolsa de valores e que representam apenas 14% do total de contribuições de campanhas.[14] A rede de implicações e considerações financeiras e suas complexidades é bastante representativa, conforme mostrado por Khwaja & Mian (2011).

Muitos casos ilustram o acima exposto. Entre os bem-conectados que obtiveram dezenas de bilhões de créditos preferenciais do BNDES e outros bancos estatais, além de vultosos aportes junto aos Fundos de Pensão de Estatais e BNDESPAR, estão o agora falido Grupo EBX, controlado por Eike Batista, filho do ex-presidente da maior mineradora do Brasil, Vale, e o grupo J&F/JBS da família Batista, que se tornou um conglomerado gigante e maior processador de carnes do mundo — com esse apoio, o faturamento da JBS saltou de R$4 bilhões em 2006 para R$170

---

[14] Mauro detectou que o efeito é considerável: um desvio padrão (2,38-pontos) de melhora no índice de corrupção está associado a um aumento de mais de 4-pontos percentuais na taxa de investimento de um país e mais de ½-ponto percentual de aumento na taxa de crescimento *per capita*. Isso significa que, se um determinado país vier a melhorar seu grau de corrupção de 6 em 10 para 8 em 10, sua proporção investimento–PIB cresceria em quase 4 pontos percentuais e o crescimento anual de seu PIB *per capita* cresceria em quase meio ponto percentual.

bilhões em 2016. Com efeito, Eike Batista e os irmãos Batista acabaram sendo pegos na operação Lava Jato.[15] Além disso, a Polícia Federal investiga operações entre BNDES e o grupo JBS.[16]

Pelo tráfico de influência, a corrupção adentra também o negócio de guerra, envolvendo muitos trilhões de dólares e que inclui as Nações Unidas (MINITER, 2011), e no qual arquitetos da guerra e os verdadeiros interesses e a corrupção por trás de tudo são deletados da mídia e substituídos por histórias sobre soldados, armamentos e terras/países (NORDSTROM, 2004).

Círculo de Reforço R4 — Accountability

Corrupção e accountability/confiança do governo, congresso e judiciário

No processo de desenvolvimento de suas instituições democráticas ou qualquer outro sistema político, as sociedades definem o limite natural ou escala relacionada a seu nível de tolerância com irregularidades cometidas por seus governos e representantes políticos e que são estipulados de acordo com seus estágios de evolução institucional. Essas práticas ilícitas impõem danos colaterais sobre as instituições — o principal desses danos é a redução da confiança da população nas instituições governamentais (CHETWYND, CHETWYND, & SPECTOR, 2003).

A revolta da população pode levar à instabilidade política, que é a mais importante forma por meio da qual a corrupção afeta o desenvolvimento econômico de uma nação (MO, 2001). Países menos desenvolvidos tendem a possuir uma longa história de abusos perpetrados pela elite governante, entretanto esses países possuem também um limite de tolerância. Esse limite de tolerância é o que regula o nível de qualidade das instituições.

---

[15] Bloomberg/Info Money 15 dez 2014 e Globo G1 maio 2015. Disponível em: https://g1.globo.com/economia/negocios/noticia/com-ajuda-do-bndes-donos-da-jbs-criaram-maior-empresa-de-carnes-do-mundo.ghtml — Acesso em: 18/05/2017; http://blogs.correiobraziliense.com.br/vicente/bancos-publicos-e-fundos-de-estatais-perderao-mais-se-jbs-quebrar/ — Acesso em: 23/06/2017.

[16] Disponível em: http://paranaportal.uol.com.br/geral/palocci-e-jbs-sao-alvo-da-operacao-bullish-por-fraudes-no-bndes/ — Acesso em: 12/05/2017; http://noticias.band.uol.com.br/politica/noticias/100000857846/pf-deflagra-operacao-bullish-acao-que-investiga-fraudes-no-bndes.html — Acesso em: 12/05/2017.

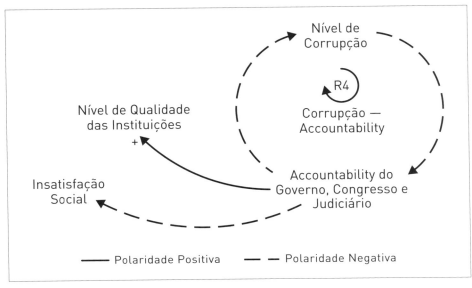

Figura 14: R4 — Círculo Corrupção–*Accountability*

A sociedade brasileira vem demonstrando claramente seu limite de tolerância e vem fazendo isso de forma cada vez mais dura, exigindo a saída e punição de seus representantes, além de uma série de mudanças de correção de rumo na medida em que as instituições nacionais chegaram à beira do colapso durante 2017.

O nível de aprovação dos três poderes é o pior possível, com a população tendo chegado a um estado de esgotamento. Os astronômicos escândalos de corrupção levaram o Brasil ao ponto crítico de uma tempestade perfeita, de ruptura, que podem representar uma oportunidade para o país entrar em uma nova era mais virtuosa e com instituições de melhor qualidade para servir à população, com estabilidade política, econômica e social, sem a atual predominância da corrupção e da impunidade.

Pode ser observado que existe um grande desejo da população por reformas e criação de medidas gerais, profundas e amplas de correção e extinção da corrupção e da impunidade que tomam conta do país. Considerando que esses representantes estão no coração do problema da corrupção e impunidade, e ainda presentes nos 3 poderes, defendendo interesses próprios, ou seja, agindo para "salvar suas próprias peles", a resistência à implementação dessas medidas necessárias pelos poderes constituídos é, porém, bastante clara e forte.

Uma das reformas exigidas pela população é o fim do foro privilegiado, instituto que garante a impunidade dos políticos envolvidos em práticas de corrupção basicamente impedindo que sejam alcançados pela justiça, uma vez que apenas o STF pode julgar esses casos, fato que essencialmente não acontece, como observado no caso do escândalo do Petrolão.

Círculo de Reforço R5 — Setor Público

Corrupção e o tamanho do setor público, causalidade

Figura 15: R5 — Círculo de Reforço, Setor Público

A relação entre o tamanho (inchaço) do governo e sua ineficiência, incluindo corrupção, tem sido um importante tópico em economia. O aumento no tamanho do governo possibilita maior oportunidade de *rent-seeking* (busca de concessões ou "explorações" sem a justa contrapartida ou pagamento pelo beneficiado), dando maiores possibilidades a políticos e burocratas de praticarem atos de corrupção (ROSE-ACKERMAN, 1978, 1999) — como ocorre no Brasil, onde o maior tamanho (inchaço) do governo aumenta a expectativa de pagamento de atividades ilegais, e, como resultado, incentiva a prática de mais atividades ilegais, como corrupção.

Na mesma direção, Alesina & Angeletos (2005) propõem um modelo teórico no qual governos maiores aumentam a possibilidade da prática de corrupção. Goel & Nelson (1998) ilustram que o tamanho do estado e de governos locais nos EUA exercem uma forte influência sobre o aumento da corrupção. Em democracias jovens ou países em transição, o aumento no tamanho do governo pode agravar o problema da corrupção, considerando que o monitoramento sobre o governo é fraco. Em contraste, quando regime democrático está suficientemente consolidado, um maior governo (não o inchado) leva à redução da corrupção, porque os mecanismos de monitoramento funcionam bem e podem restringir a prática da corrupção por políticos e burocratas (KOTERA, KEISUKE, & SAMRETH, 2012).

O Brasil representa um bom caso empírico dessas pesquisas, nas quais a evolução do tamanho do governo é seguida pelo aumento da grande corrupção política. Existe uma recorrente anomalia na política brasileira desde o final do regime militar em 1985 e o início do período de redemocratização. Nessa ocasião, passou a ser comum presidentes eleitos negociarem concessão de ministérios a partidos apoiadores a cada mandato presidencial de quatro anos.

No final do regime de transição militar em 1985, o Brasil possuía 16 ministérios; com a redemocratização, esse número aumentou para 30 entre 1986–1993, para 34 entre 1994–2001 e para 38 entre 2002–2015. Esse aumento acentuado em número de ministérios está diretamente associado ao aumento da grande corrupção uma vez que cada um desses ministérios é responsável por um gigantesco orçamento, dando espaço para o aumento da corrupção.

De forma a aumentar sua influência política, sucessivos governos brasileiros estendem seus tentáculos para além do espaço da administração pública, atuando na administração de empresas controladas pelo Estado, tais como bancos públicos, infraestrutura, monopólio do petróleo e fundos de pensão de empresas estatais.

A Petrobras, centro do escândalo de corrupção multibilionário Petrolão/Lava Jato, é um bom exemplo de como o governo distorce seu papel, sendo que, ao invés de restringir suas ações e controlar seus interesses como acionista principal e controlador pelo exercício de uma boa governança, faz também nomeações políticas para altas posições com indivíduos que carecem da experiência necessária na indústria do petróleo (como o conhecido caso em que Dilma Rousseff ocupou a presidência do conselho de administração da Petrobras e muitos outros). Como tal, o governo assume a dupla função de controlador e controlado/supervisor e supervisionado/auditor e gestor, fato que consiste em grave violação ao princípio mais básico de gestão, o da segregação de funções, e deixa a porta totalmente aberta à corrupção.

Instituições Fortes

Indicadores de governança

Os trabalhos de pesquisa das causas da corrupção mostram de forma bastante robusta que as variáveis mais importantes que determinam o nível de corrupção de qualquer país são aquelas relacionadas à qualidade das instituições e de sua governança — a alta qualidade e efetividade das instituições dos países mais desenvolvidos são os elementos-chave que asseguram seus baixos níveis de corrupção. Inversamente, países com alto nível de corrupção são caracterizados pelo baixo nível de qualidade de suas instituições.

O grau de qualidade institucional e de governança é destacadamente a mais importante variável que regula o nível de corrupção de uma nação. Em um original e importante relatório de pesquisa, Kaufmann et al. (1999) apresentam a evidência empírica da forte relação de causalidade entre melhor governança e melhores resultados de desenvolvimento, assim como a relação entre renda *per capita* e qualidade de governança (Figura 16) possui um poder de explicação significativo para os resultados econômicos futuros. Keefer & Knack (2007) reportam que a habilidade de países pobres para alcançar o mundo desenvolvido é determinada em grande parte pelo ambiente institucional sob o qual a atividade econômica desses países funciona.

O grau de qualidade institucional e de governança é amplamente definido como as tradições e instituições por meio das quais a autoridade é exercida. É separada em 3 áreas (KAUFMANN, KRAAY, & MASTRUZZI, 2010):

a) O processo pelo qual os representantes do governo, congresso e judiciário são escolhidos, monitorados e substituídos.

b) A capacidade do governo e congresso em efetivamente formular e implementar políticas sólidas.

c) O respeito da sociedade e do Estado pelas instituições que governam as interações econômicas e sociais entre estes. Instituições fracas são exploradas por grupos de tráfico de influências que se autosservem, promovendo a corrupção que, como consequência, enfraquece as instituições.

A análise feita por Kaufmann et al. (1999) é baseada em um banco de dados contendo mais de 300 indicadores de governança compilados a partir de uma variedade de fontes de forma a permitir comparações cruzadas de países abrangendo entre 155 a 173 países.

Seis indicadores agregados correspondentes ao nível de qualidade de seis conceitos básicos de governança foram elaborados em uma escala de -2,5 (menor) a 2,5 (maior) (KAUFMANN et al., 2014):

Área A — o processo por meio do qual governos são escolhidos, monitorados e substituídos é composto por:

(i) Voz e *Accountability*, que mede a extensão em que os cidadãos de um país podem participar da seleção de governos, inclusive a liberdade de imprensa, e

(ii) Instabilidade Política e Violência, que mede as percepções da possibilidade de que governos sejam desestabilizados ou tomados por meios inconstitucionais ou violentos.

Área B — a capacidade do governo de efetivamente formular e implementar políticas sólidas é composta por:

(i) Efetividade do Governo, que é uma combinação da percepção da qualidade dos serviços públicos, qualidade da burocracia, competência dos servidores públicos, a independência dos serviços públicos de pressões políticas e a credibilidade do compromisso do governo com as políticas públicas, e

(ii) Qualidade do Peso Regulatório, que mede a incidência de políticas não amistosas de mercado, tais como controle de preços ou inadequada supervisão do sistema financeiro, assim como a percepção de ônus impostos por excessiva regulamentação em áreas como comércio internacional e desenvolvimento de negócios.

Área C — O respeito dos cidadãos e do Estado pelas instituições que governam as interações econômicas e sociais entre estes:

(i) A Qualidade do Império da Lei, que mede a extensão em que os agentes que integram a sociedade têm confiança nas suas regras e as respeitam/seguem, a eficácia do judiciário, e

(ii) A Qualidade de Controle da Corrupção.

As unidades para a governança variam de -2,5 a cerca de +2,5. Esses indicadores são elaborados de sorte que valores maiores representam melhores performances.

Kaufmann et al. (2014 e 1999) concluíram com essa nova evidência empírica que a governança é vital, no sentido de que existe uma forte relação causal no sentido de boa governança para melhores resultados de desenvolvimento como maior renda *per capita* (Figura 16), maior alfabetização adulta e menor mortalidade infantil.

O Brasil, com sua dimensão continental, grande população de baixa renda e baixo nível de educação, instituições de governança frágeis nos três poderes a níveis federal, estadual e municipal, com seus 26 estados e mais de 5.000 municípios, e ainda com o coronelismo presente em muitas cidades e estados, é sem dúvida, território fértil para a prática da corrupção, com a predominância de uma verdadeira cleptocracia generalizada.

Esse fato é nitidamente constatado no Congresso Nacional, onde um grande número de parlamentares está envolvido em acusações de práticas corruptas. Sem embargo, esses parlamentares foram eleitos pelo povo, mormente os mais pobres e sem instrução adequada. Esse é mais um grave *nexus* destrutivo que necessita ser resolvido no processo de combate à corrupção.

Os municípios recebem e administram o equivalente a cerca de USD35 bilhões por ano do governo federal para prover serviços públicos. Os poderes municipais são livres para decidir como alocar esses recursos, dando grande espaço para a corrupção na mesma medida de seus debilitados graus de governança. As três principais formas de corrupção praticadas no nível dos municípios são fraudes na contratação de serviços públicos, desvio de recursos e superfaturamento (FERRAZ & FINAN, 2011).

Império da lei

Evidências empíricas mostram que um poder judiciário de alta qualidade age como um dificultador e órgão que restringe a corrupção. O alto nível e descontrole total da corrupção no Brasil depõem muito contra o judiciário, gerando uma avaliação muito ruim de sua qualidade e eficácia. Levanta também dúvidas com relação a sua independência e mesmo envolvimento em práticas de corrupção.

O foro privilegiado é uma anomalia jurídica que existe em poucos países (não em países desenvolvidos, como os EUA) e que garante a impunidade de políticos corruptos como ocorre no Brasil — uma verdadeira blindagem de políticos corruptos que, em termos práticos, os mantém fora do alcance da justiça, na medida em que só podem ser julgados pelo STF, onde os processos permanecem por tempo longo e indeterminado, sem qualquer condenação, chegando a prescrever em muitos casos.

Foi constatado que a grande maioria das pessoas veem o Judiciário como corrupto, inclusive no Brasil (74%)[17], na América Latina (70–80%) e nos EUA (50%).[18] O sucesso de qualquer política anticorrupção passa obrigatoriamente pela existência de um Judiciário altamente moral e respeitado no qual a sociedade deposita grande nível de confiança, uma característica de países com baixo nível de corrupção, como os países escandinavos, por exemplo.

A análise do nível de corrupção para o Brasil em 2016 por entidades especializadas está diretamente associada à qualidade do Judiciário. Mostra que veem o Brasil com elevadíssimo nível de corrupção: o renomado IMD, *Institute for Management and Development*, avaliou o Brasil com um indicador de corrupção de 9,4 em 10 em 2016 e o igualmente renomado EIU, *Economist Intelligence Unit*, com 7,5 em 10 (KAUFMANN et al., 2017).

A qualidade de uma democracia requer um bom sistema de freios e contrapesos, que envolve boa governança, e boa governança requer *accountability* institucional. Além disso, um dos pilares de um sistema democrático é a separação e a independência de poderes — executivo, legislativo e judiciário, e pesquisas demonstram

---

[17] Datafolha.

[18] (TransparencyInternational, 2007).

que a independência do judiciário afeta diretamente o crescimento econômico (FELD, 2003).

O judiciário, em sua função de guardião do império da lei, tem um papel chave na luta contra a corrupção e sua qualidade está diretamente relacionada com o nível de corrupção em qualquer país. Pesquisa de Lambsdorff (2007) mostra a existência de uma forte correlação entre corrupção e qualidade do sistema judicial.

A corrupção judicial inclui toda e qualquer influência inadequada na imparcialidade do processo judicial por qualquer agente dentro do sistema judicial. Independência exige que as carreiras dos juízes não dependam em agradar aqueles com poder político e econômico (ROSE-ACKERMAN, 2007).

As altas cortes são o calcanhar de aquiles do império da lei no Brasil no que concerne a luta contra a corrupção. As posições lenientes do Supremo Tribunal Federal em decisões envolvendo o tratamento de representantes políticos envolvidos nos recentes escândalos de corrupção como o Mensalão e o Petrolão/Lava Jato têm causado grande controvérsia e descontentamento/decepção, agravados sistematicamente por vários episódios, entre os quais:

(i) o fato de o Ministro Toffoli, nomeado pelo ex-presidente Lula, haver atuado como conselheiro jurídico do Partido dos Trabalhadores, como advogado em suas campanhas presidenciais de 1998, 2002 e 2006, e outras questões polêmicas;

(ii) a suposta manobra do Ministro Lewandowski em inovadora interpretação da Constituição para não cassar os direitos políticos de Dilma Rousseff na ocasião de seu *impeachment* em 31 de agosto de 2016;

(iii) a controversa nomeação do Ministro Fachin pela ex-presidente Dilma Rousseff em maio de 2015, visto como totalmente alinhado ao Partido dos Trabalhadores, no epicentro de uma crise institucional sem precedentes. Além disso, o Ministro Fachin e o ex-Procurador-geral da República/PGR, Rodrigo Janot, chegaram ao extremo de articularem e participarem diretamente do, possivelmente, maior escândalo já visto na alta corte nacional em maio de 2017 com a irregular delação premiada dos irmãos Batista do grupo

JBS.[19] Com o desmascaramento da delação, o Ministro Fachin e o PGR Janot voltaram atrás, com a prisão dos irmãos Batista sendo decretada em setembro de 2017;

(iv) as brigas públicas entre Ministros do STF desde o escândalo do Mensalão iniciado em 2005 até os dias atuais (2017) criando uma crise institucional sem precedentes.

Não é incomum ver magistrados no Brasil envolvidos em esquemas de corrupção, com filhos e parentes advogando na própria corte em que julgam, e magistrados aposentados fazendo *lobbying* no Judiciário em favor de seus clientes.

Com efeito, existe uma grande falha no código penal brasileiro que dá espaço à corrupção e impunidade de grandes corruptos e fraudadores. O código penal estipula uma série de prazos a serem cumpridos nos processos criminais pelos procuradores e pela defesa, exceto nas cortes superiores, onde os magistrados e ministros agem de forma discricionária.

Um exemplo típico é o caso de juízes federais decretarem a prisão de suspeitos de corrupção e as cortes superiores os soltarem prontamente mediante algum tipo de recurso como *habeas corpus*, "engavetando" o processo por vários anos até sua prescrição, com os suspeitos mantidos em liberdade, prática bastante comum em casos de grande destaque envolvendo grandes somas de dinheiro. Em outros casos, os criminosos de colarinho branco cumprem a maior parte da sentença em casa. Como resultado, a justiça nunca é cumprida/feita.

Um Judiciário competente, independente e incorruptível é um pilar básico de uma nação democrática e justa — a corrupção no judiciário destrói os ditames prescritos pelo império da lei, consequentemente perpetuando a impunidade e favorecendo as partes envolvidas e magistrados que se beneficiam do sistema em detrimento de toda a sociedade.

---

[19] Revista Veja, 22 maio de 2017.
Brazil Journal 22 maio de 2017. Disponível em: http://braziljournal.com/esqueletos-da-jbs-podem-quebrar-imperio-dos-batista — Acesso em: 18/10/2017.

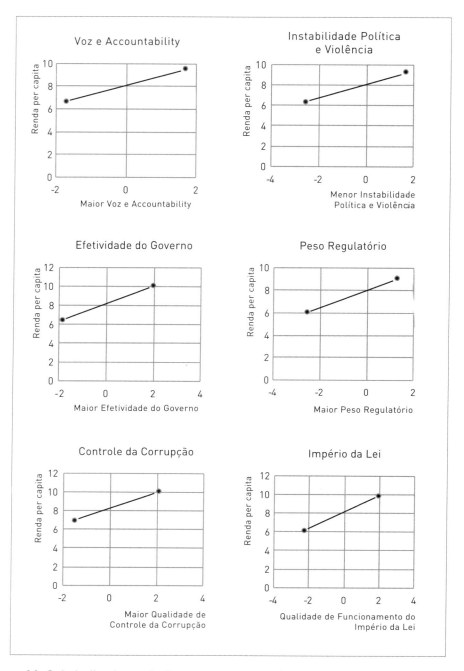

Figura 16: Seis Indicadores de Governança versus Renda per capita. Eixo Horizontal: Índice de Qualidade de Governança do pior -2,5 para o melhor nível 2,5. Eixo Vertical: Logaritmo de PIB per capita. Resultados mostram que, quanto melhor o indicador de qualidade de governança, maior a renda per capita (KAUFMANN et al., 1999).

Instituições Fortes, Círculos Dominantes de Balanceamento — Grupo B1 de Círculos

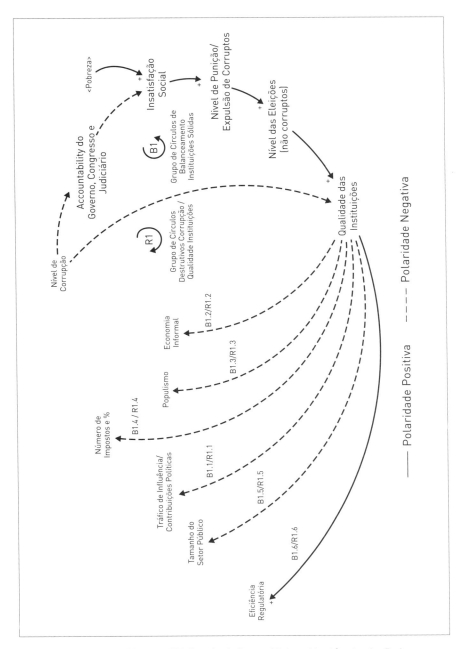

Figura 17: Instituições sólidas, Variáveis de Balanceamento B

64   Corrupção — O mal do século

Duas variáveis/sequência de variáveis convergem se encontrando na variável qualidade das instituições, conforme mostra a Figura 17. Uma é o nível de corrupção, que aciona o conjunto de círculos R1.1 a R1.6 (discutido em "Grupo de Círculos de Reforço R1 — Corrupção — [Qualidade das] Instituições/Governança, Círculos de Reforço"), e a segunda é a sequência que tem início com a *accountability* do governo, congresso e judiciário, que aciona o grupo de círculos de balanceamento instituições sólidas B1.1 a B1.6 aqui discutidos. Como pode ser visto, a partir do nível de qualidade das instituições, esses dois grupos de círculos R1 e B1 contêm as mesmas variáveis e seus comportamentos serão ditados pelas características da variável destrutiva (nível de corrupção) e por aquela sequência de variáveis virtuosas contidas no círculo B1.1 que restringem a corrupção, iniciando pela variável *accountability* institucional.

O círculo de retorno Fortes Instituições (grupo de círculos de balanceamento B1 — B1.1 a B1.6) possui uma poderosa força de domínio balanceadora que, bem estruturada e cumprindo os mais fundamentais requisitos e políticas, possui a força para superar o poder destrutivo da corrupção (Figura 17). Quando falamos de grande corrupção política, a força balanceadora das instituições tem início nas seguintes variáveis: nível de *accountability* no governo, congresso e judiciário; descontentamento social; punição/expurgo dos corruptos e melhor processo eleitoral que assegure inclusive que apenas cidadãos honestos e capazes possam se candidatar.

O processo no Brasil funciona da seguinte forma: tem origem nas poderosas e rápidas forças destrutivas e variáveis contidas no grupo de círculos R, superando as forças opostas de balanceamento que restringem a corrupção (grupo de círculos B). Este fato leva à redução gradual da *accountability* das instituições e à perda de confiança no governo, no congresso e no judiciário até que a acumulação das atividades de corrupção alcance o limite de tolerância da sociedade à corrupção. Esse limite de tolerância vai sendo reduzido pouco a pouco de forma muitas vezes imperceptível aos governantes, ao longo de anos, até décadas, na mesma medida (com significativa defasagem de tempo/*delay*) e em sentido inverso ao aumento da corrupção.

Quando a sociedade chega a seu limite de tolerância máximo, possivelmente estará já atravessando uma crise institucional nos 3 poderes com grandes estragos já causados, inclusive com a destruição do tecido social e aumento acentuado da violência, o que poderá ativar um efeito em cadeia avassalador de revolta por parte da sociedade, demandando a correção de rumo e a instalação de um processo com início da limpeza total, o expurgo dos representantes corruptos de suas funções/postos/mandatos políticos com a respectiva condenação e punição.

No Brasil, uma verdadeira ira da sociedade vem crescendo mais notadamente a partir de 2013, com manifestações populares cada vez maiores. A corrupção é um pesadíssimo dano imposto à população brasileira por seus representantes dos três poderes e a força balanceadora de correção de rumo possivelmente virá com maior pujança em 2018, quando deverá ter início um longo processo de fortalecimento institucional no Brasil, tarefa bastante complexa e difícil, considerando a percepção de que existe uma organização criminosa dentro dos três poderes da república e o alastramento dos vícios e fraudes a nível nacional, abrangendo também estados e municípios. A intensidade e o tempo de duração dependerão do grau de determinação da sociedade.

Círculo B1.1 — Qualidade das Instituições–tráfico de influência

O Círculo B1.1 — Qualidade das Instituições–tráfico de influência age para reduzir a força das variáveis que causam a corrupção. Entre as variáveis combatidas pela boa qualidade de instituições do Círculo B1.1, estão veículos de tráfico de influência como *lobbying*, contribuições de campanhas políticas, *rent-seeking* e grandes esquemas de corrupção escondidos em contratos com as várias áreas e níveis de governo, agências governamentais e reguladoras, empresas e bancos controlados pelo Estado, BNDES, fundos de pensão de estatais, sindicatos e outros.

Todo esse aparato impõe grandes perdas a toda a sociedade, empresas reguladas e não reguladas, prestadores de serviços, fornecedores e muitos outros e são combatidos pela boa qualidade de instituições.

As demais cinco variáveis-chave (B1.2 a B1.6) são as mesmas que aquelas que exercem uma pressão para causar o aumento da corrupção conforme discutido em "Grupo de Círculos de Reforço R1 — Corrupção — [Qualidade das] Instituições/Governança, Círculos de Reforço", com a diferença de que essas mesmas variáveis ficam agora submetidas às forças de balanceamento opostas com origem em variáveis construtivas virtuosas:

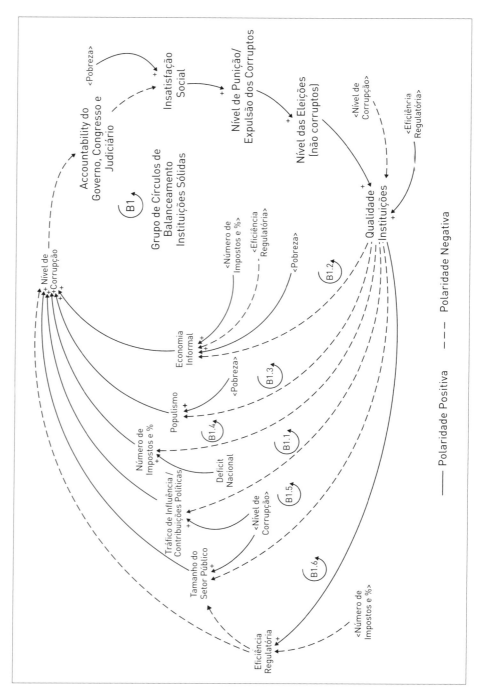

Figura 18: B1 — Instituições Sólidas, Círculo de Balanceamento Dominante

Círculo B1.2 — Qualidade das instituições–economia informal e contravenção

A boa qualidade das instituições exerce uma força balanceadora sobre a economia informal e atividades de contravenção — este círculo é discutido em "Grupo de Círculos de Reforço R1 — Corrupção — [Qualidade das] Instituições/Governança, Círculos de Reforço" e em maior detalhe no item "Corrupção, Economia Informal, Mercado Negro de Câmbio, Receitas Tributárias e Tarifas Alfandegárias".

Círculo B1.3 — Qualidade das instituições–populismo

Boas instituições democráticas possuem sólidos sistemas de freios e contrapesos (*checks and balances*) e de aplicação do império da lei (*rule of law*), de sorte a evitar a instalação de governos populistas, conforme discutido em "Círculo R2.1 e R2.2 — Corrupção–Desigualdade–Pobreza–Populismo, Círculos de Reforço Dominantes" e "Grupo de Círculos de Reforço R1 — Corrupção — [Qualidade das] Instituições/Governança, Círculos de Reforço".

Círculo B1.4 — Qualidade das instituições–número de impostos e percentuais

A corrupção também promove o aumento do número de impostos e aumento dos respectivos percentuais em um esforço de cobrir os deficits gerados pela corrupção e má gestão das finanças públicas. O excessivo número de impostos e percentuais gera também o aumento da economia informal com várias consequências, entre elas o alto nível de evasão fiscal de 13% do PIB nacional. A boa qualidade das instituições exerce uma forca balanceadora/corretora para evitar e reduzir excessos de tributação. Esse tema é discutido em "Grupo de Círculos de Reforço R1 — Corrupção — [Qualidade das] Instituições/Governança, Círculos de Reforço" e em maior detalhe no item "Corrupção, Economia Informal, Mercado Negro de Câmbio, Receitas Tributárias e Tarifas Alfandegárias".

Círculo B1.5 — Qualidade das instituições–tamanho do setor público

Conforme abordado em "Círculo de Reforço R5 — Setor Público", o início do período de redemocratização do Brasil em 1986 foi marcado pelo uso de maior governo com ministérios utilizados como ferramenta de barganha em troca de apoio político — uma anomalia que gera maior grau de corrupção.

Círculo B1.6 — Qualidade das instituições–eficiência regulatória

Pesquisadores observaram uma associação positiva entre corrupção e regulamentação excessiva com as implicações apresentadas no em "Grupo de Círculos de Reforço R1 — Corrupção — [Qualidade das] Instituições/Governança, Círculos de Reforço". (ADES & DI TELLA, 1997, 1999; DJANKOV et al., 2002; GOEL & NELSON, 2005; SVENSON, 2005; TREISMAN, 2000). Boa qualidade de instituições minimiza o excesso de burocracia.

Investimentos Públicos e Privados e Capital Humano — Círculos de Balanceamento que Estimulam o Crescimento — B2, B3 e B4

Os círculos B2, B3 e B4 estão relacionados ao crescimento. Li et al. (2000) identificaram que, mesmo após corrigir erros de medição, a corrupção retarda o crescimento econômico.

Tanzi & Davoodi (1997) reportam que a corrupção política é movida por fraca governança e mostram que os maiores atos de corrupção estão associados a: (i) maior investimento público; (ii) menor receita governamental; (iii) menores despesas operacionais e administrativas governamentais; (iv) menor qualidade de infraestrutura pública; e (v) menor produtividade do investimento público — cinco canais através dos quais a corrupção reduz o crescimento econômico.

As análises dos dados existentes de PIB e corrupção (*Transparency International*, *Worldwide Governance Index*/Índice Mundial de Governança (KAUFMANN et al., 2014) demonstram que existe uma incidência de corrupção bem maior em países pobres e em desenvolvimento do que em países desenvolvidos — quanto menos desenvolvido é uma nação, maior é o nível de corrupção. Com efeito, a relação entre corrupção e desenvolvimento econômico é o aspecto mais extensivamente pesquisado na literatura empírica da corrupção. Lambsdorff (2007) enfatiza que várias descobertas científicas confirmam que a corrupção reduz a produtividade do capital.

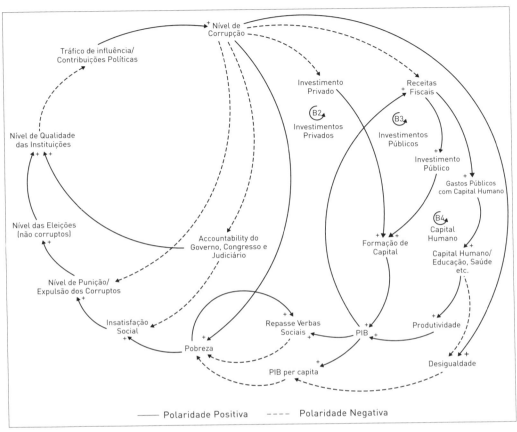

Figura 19: B2, B3 e B4 Investimentos Públicos e Privados e Capital Humano, Círculos de Balanceamento

Círculo B2 — Investimentos privados [e crescimento econômico]

Em seu pioneiro estudo, Mauro (1995), seguido por (MAURO, 1997), identificou que a corrupção reduz o investimento privado, e como resultado reduz o crescimento econômico. Diversos outros estudos, incluindo Tanzi & Davoodi (2000), reportam um efeito similar. Adicionalmente, Mo (2001) observou que a corrupção reduz o nível de capital humano e a participação de investimento privado.

A corrupção gera também incerteza, fato que aumenta a taxa/prêmio de risco em decisões de investimento (GUPTA et al., 1998). Lambsdorff (2007) analisou em maior detalhe o impacto da corrupção sobre o fluxo de capital líquido total — em uma pesquisa envolvendo 64 países, mostra que a corrupção reduz o fluxo líquido de entrada de capital, controlando diversas variáveis explanatórias, como PIB *per capita*, nível de poupança interna e exportação de matéria-prima.

Círculo B3 — Investimento público [e crescimento econômico]

Um amplo estudo realizado por Tanzi & Davoodi (1997) apresenta a evidência dos muitos canais através dos quais a corrupção corrói o investimento público e reduz o crescimento econômico. A corrupção distorce a totalidade do processo de tomada de decisão de investimentos públicos e reduz o crescimento econômico ao reduzir a qualidade da infraestrutura existente.

Uma infraestrutura em deterioração eleva o custo de fazer negócios para ambos os setores, o público e o privado: congestionamentos, atrasos, acidentes, desperdícios, enchentes, blackouts de energia, dentre outros problemas, resultando em menor produção e crescimento econômico. A corrupção reduz ainda o crescimento econômico na medida em que reduz a receita do governo necessária para o financiamento de gastos produtivos.

Círculo B4 — Capital humano [e crescimento econômico]

A pesquisa mostra que a corrupção reduz a renda média e a educação da população, enquanto a melhor educação gera crescimento econômico e eleitores mais informados, além de gerar maior eficácia na participação política e melhores ações de monitoramento das ações dos representantes do governo, congresso e judiciário, identificando e punindo o comportamento corrupto, principalmente aqueles envolvendo a grande corrupção política. Melhor educação permite colocar maior pressão nos governantes para a elaboração e implementação das reformas institucionais necessárias à significativa redução da corrupção futura.

Um alto nível de corrupção está associado à menor qualidade e gastos com educação e saúde (MAURO, 1997; TANZI & DAVOODI, 1997). Adicionalmente, a maior alocação em educação reduz a desigualdade social (TINBERGEN, 1975). Testes conduzidos por Gupta et al. (1998) mostram que a piora do nível de corrupção em um desvio padrão (2,52 em uma escala de 0 a 10) está associado ao mesmo aumento do coeficiente Gini de desigualdade como a queda de 2,3 anos na média de participação do ensino secundário.

A corrupção afeta negativamente os níveis de educação uma vez que reduz a renda disponível e a capacidade de investir em educação da mesma forma que a baixa educação afeta a corrupção por uma gama de variáveis.

Países com graus intermediários de educação irão provavelmente permanecer na armadilha da pobreza porque níveis intermediários de educação permitem que sejam tomadas apenas algumas iniciativas contra a corrupção, porém não eficazes o suficiente, além de um monitoramento deficiente/debilitado, fatores que são muito prejudiciais para a redução da pobreza.

O baixo nível educacional no Brasil é resultado de sua baixa qualidade de educação, ensino e alto nível de êxodo escolar, que, como consequência, determinam o baixo nível de qualidade de suas instituições (EICHER et al., 2009; GUPTA et al., 1998; TREISMAN, 2000).

Corrupção, Economia Informal, Mercado Negro de Câmbio, Receitas Tributárias e Tarifas Alfandegárias

Círculos R6.1 a R6.6 — Economia informal

Estudos mostram que a prática de corrupção está relacionada com a economia informal e contravenção em seis círculos de reforço: (i) economia informal — círculo R6.1; (ii) investimento privado-economia informal — círculo R6.2; (iii) investimento público-economia informal — círculo R6.3; (iv) despesas públicas-economia informal — círculo R6.4; (v) número de impostos e percentuais-economia informal — círculo R6.5; (vi) eficiência regulatória-economia informal — círculo R6.6. A maior parte das variáveis foram discutidas individualmente em outras seções e serão agora analisadas em suas inter-relações com receitas tributárias e economia informal.

A informalidade possui uma causalidade direta com receitas tributárias e com o câmbio negro de moedas. Friedman et al. (2000) e Johnson et al. (1999) demonstraram que países com maior economia informal ou subterrânea tendem a possuir níveis mais altos de corrupção, conforme demonstrado na Figura 21. Pesquisas técnicas feitas por Dreher et al. (2007), Dreher & Schneider (2006) e Hibbs & Piculescu (2005) corroboram com essas descobertas.

A economia informal ou subterrânea, conhecida como informalidade, ocorre em todos os lugares e consiste de todas as atividades econômicas que seriam geralmente tributáveis caso fossem reportadas — é caracterizada por renda não declarada oriunda da produção de bens e serviços, seja por transações monetárias ou de escambo.

Da maneira que ocorre no Brasil, onde a economia informal chega a 40% do PIB nacional, é um fenômeno econômico que, em seus níveis mais elevados que caracterizam países de baixa renda, atuam como um complemento da corrupção (ARVATE et al., 2004). Em países de alta renda, as atividades da economia informal e a corrupção são substitutos (DREHER & SCHNEIDER, 2006).

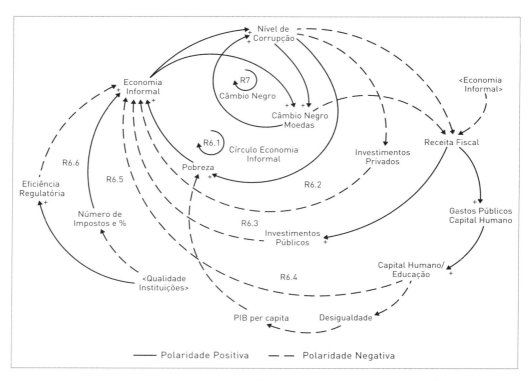

Figura 20: Economia Informal/Receita Fiscal

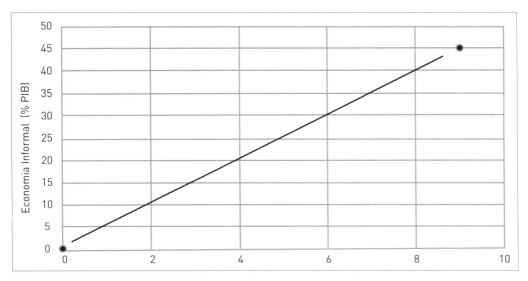

Figura 21: Corrupção (0 a 10)[20] versus Economia Informal (%PIB)

A informalidade está fortemente associada à corrupção, pobreza, desigualdade, evasão fiscal e transações ilícitas. Abrange práticas ilegais tais como contratação de trabalhadores sem registro, contratos de trabalho atípicos, cooperativas de trabalho falsas, trabalhadores domésticos, comércio de rua (camelôs) e trabalhadores autônomos sem registro de previdência social conforme definido pela Organização Internacional do Trabalho/OIT (*World Labor Organization* — *WLO*). Além disso, a economia informal inclui todo o tipo de atividade ilegal e criminosa, tais como crime organizado e narcotráfico.

Atividades da economia informal são geralmente escondidas das autoridades públicas de forma a evitar:

- Pagamento de imposto de renda, ICMS, ISS e outros impostos, assim como contribuições de previdência social — para as pequenas empresas, é muitas vezes uma questão de sobrevivência, considerando que a carga tributária elevada pode tornar seus negócios inviáveis;

- Ter que cumprir com certas regras do mercado de trabalho, como salário-mínimo, horas máximas de trabalho, regras de segurança etc., e

- Cumprir com pesada regulamentação e procedimentos burocráticos.

---

[20] *Transparency International Corruption Index* — escala de 0 (baixa) a 10 (alta).

Um estudo do Banco Mundial (JOHNSON et al., 1999) identificou que a economia informal em relação ao PIB é maior em países que possuem grande ineficiência burocrática e grau de arbitrariedade governamental (abuso de poder), onde as empresas são submetidas a maior tributação e ônus regulatório, assim como expostas a maior exigência de propina e corrupção. Somado a esses fatores, a economia informal é bem maior onde o império da lei é fraco. Esse estudo identificou também que países com maior grau de informalidade tendem a crescer mais lentamente.

A vasta maioria dos trabalhadores da economia informal é menos privilegiada, com menor grau de educação, menor qualificação e pobre, não possuindo condições de participar da economia formal. São muitas vezes sujeitos à discriminação e a realizarem trabalhos degradantes.

Esses trabalhadores informais são também caracterizados por baixa remuneração e são totalmente excluídos dos benefícios relacionados ao emprego previstos na legislação brasileira, tais como auxílio desemprego, 13º salário, licença maternidade, benefícios para os filhos, benefícios relacionados a férias e demissão (como aviso prévio), fundo de garantia (FGTS), previdência social e aposentadoria, acesso a crédito e financiamento e muitos outros.

Cerca de metade da força de trabalho brasileira está no mercado da informalidade, afetando uma população de cerca de 100 milhões de pessoas em todo o país, que lutam/se esgotam para sobreviver na informalidade, vivendo em permanente e alto grau de insegurança, além de não serem alcançados pela justiça social; uma sociedade onde a dualidade prevalece — dos que têm e dos que não têm/dos incluídos e dos excluídos.

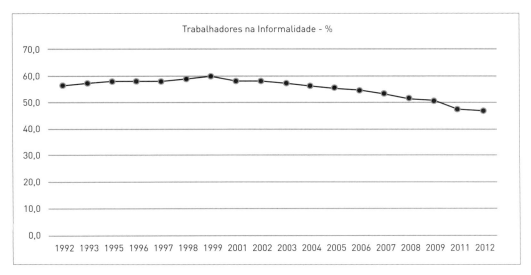

Figura 22: Trabalhadores na Informalidade no Brasil — % (dados oficiais — fonte Ipea)

Friedman et al. (2000), Johnson et al. (1999) e Tanzi & Davoodi (1997) identificaram que a informalidade afeta negativamente as receitas governamentais, conforme demonstrado na Figura 23.

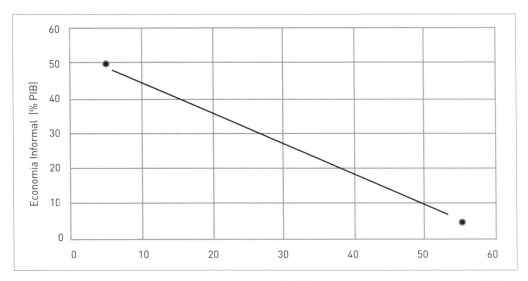

Figura 23: Receitas Governamentais (%PIB) versus Economia Informal (%PIB)

Tanzi & Davoodi (2000) concluíram que o aumento de 1 ponto na corrupção está associado à queda de 1,5 ponto percentual na receita governamental total em relação ao PIB e à queda de 2,7 pontos percentuais na relação de impostos sobre o PIB. Foi identificado também que a corrupção gera um efeito mais grave sobre os impostos diretos do que os indiretos, indicando que países com maior corrupção dão maior ênfase à imposição de impostos indiretos do que diretos. O que ocorre no Brasil está bastante em linha com a conclusão desses estudos, com a evasão fiscal chegando a 13% do PIB.

Em uma interessante análise de um singular banco de dados sobre corrupção e o setor informal da economia em 476 municípios brasileiros para estimar se a corrupção impacta o PIB ou níveis de renda quando a variação na informalidade da economia é considerada, Bologna (2014) identificou que maior grau de corrupção e maior economia informal estão geralmente associados a baixo desempenho econômico.

Entretanto, apenas o tamanho da economia informal (não do nível de corrupção) mostraram um efeito estatístico representativo. Concluiu que (i) o aumento de um desvio padrão (0,186) na participação do número total de trabalhadores na economia informal explica um decréscimo de cerca de 18% do PIB per capita e (ii) o aumento de um desvio padrão no tamanho do setor informal está associado à queda na renda (total do trabalho formal e informal) por trabalhador em cerca de 8%.

Considerando que o tamanho da economia informal varia entre 13% e 98% nos municípios brasileiros, esses efeitos podem ser extremamente elevados. Assim, os resultados desse estudo indicam que o tamanho da economia informal nos municípios brasileiros pode ser bem mais importante para o desempenho econômico do que a corrupção propriamente dita.

Adicionalmente ao exposto, existe ainda a circulação de bilhões de reais e dólares no mercado financeiro nacional e no câmbio negro oriunda de transações ilícitas.

Círculo R7 — Mercado negro de câmbio

Corrupção, informalidade, evasão fiscal e transações financeiras ilícitas domésticas e internacionais são astronômicas e intimamente relacionadas (JOHNSON et al., 1999). Existe uma extensa literatura sobre os diferentes tipos de grandes esquemas corruptos, criminosos e ilegais adotados por todos os tipos de indivíduos e organizações, incluindo empresas e bancos tanto a nível local como através de transações transfronteiriças internacionais (offshore). Transferências ilícitas correspondem a 2,5% do PIB do Brasil anualmente (KAR, 2014) e a evasão fiscal chega a mais de 13% do PIB a cada ano.

Estima-se que USD20 trilhões encontram-se depositados em paraísos financeiros (McNAIR et al., 2014; SOOD, 2014) — mais do que o PIB norte-americano e cerca de 30% do PIB mundial. Fluxos financeiros ilícitos de envio de países em desenvolvimento chegaram a USD1 trilhão de dólares em 2011 sozinho — aumentou em média mais do que 10% ao ano em uma década e continua a crescer (KAR & LeBLANC, 2013).

Posição	País	US dólares
1	China	1,1 trilhão
2	Rússia	881 bilhões
3	México	462 bilhões
4	Malásia	370 bilhões
5	Índia	343 bilhões
6	Arábia Saudita	266 bilhões
7	Brasil	193 bilhões

Figura 24: Saídas Ilícitas em um Período de 10 anos — 2003–2012

Grandes esforços anticorrupção internacionais são promovidos atualmente por muitas organizações, incluindo o G7, G20, OECD, ONU, Banco Mundial, FATF — *Financial Action Task Force*, FTC — *Financial Transparency Coalition*, ICIJ — *International Consortium of Investigative Journalists*, *Transparency International*, GFI — *Global Financial Integrity*, entre outros, nesse difícil e complexo combate que levará ainda muitos anos e esforços para produzir resultados mais representativos.

Existem alguns pontos críticos que prejudicam as soluções:

O primeiro é que a grande corrupção e transações ilícitas envolvem gente poderosa que são beneficiários desses esquemas, e depende-se dessa gente para aplicar duras sanções/punições para restringir a corrupção, como ocorre no Brasil.

O segundo é que os países onde todo esse dinheiro desviado/roubado está depositado e ativos são mantidos, tais como propriedades, imóveis, investimentos, entre outros, não querem mudar o *status quo* — entre esses países, podemos citar Suíça, Luxemburgo, Inglaterra, França e EUA.

O terceiro é o fato de muitas instituições financeiras localizadas em várias jurisdições atuarem no processo de esconder o dinheiro roubado em diferentes formas jurídicas para que o beneficiário não seja identificado, como trazido à tona nos escândalos *Swissleaks* (2015)[21], *Luxleaks* (2014), *Panama Papers* (2016), *Paradise Papers* (2017), e outros.[22]

O quarto é a falta de maior cooperação internacional entre os países e de ações preventivas e corretivas mais enérgicas, como severas punições, para evitar e coibir a prática de crimes financeiros e fiscais por parte dos países do G7 e G20 — os EUA são o país que atua de forma mais dura sobre os esquemas envolvendo esses crimes.[23]

O quinto é a necessidade de proteger os denunciantes de crimes financeiros (*whistleblowers*).[24]

---

[21] SwissLeaks, projeto coordenado pelo Consórcio Internacional de Jornalistas Investigativos/ International Consortium of Investigative Journalists que analisou mais de 100.000 contas bancárias que vazaram do HSBC da Suíça. O projeto envolveu dezenas de jornalistas de todo o mundo. Impedir a Suíça de vender contas secretas, Christian Aid, 18/01/2016 Disponível em: http://www. christianaid.org.uk/pressoffice/pressreleases/january_2016/stop-switzerland-selling-secrecy-christian-aid-urges-davos-delegates.aspx (conteúdo em inglês) — Acesso em: 11/10/2017.

[22] Bancos ingleses envolvidos em lavagem de dinheiro, BBC, 19/10/2017. Disponível em: http://www. bbc.com/news/business-41672793 (conteúdo em inglês) — Acesso em: 20/10/2017.

[23] Dentro da máquina de evasão fiscal dos bancos suíços, Wall Street Journal, 22/10/2015. Disponível em: https://www.wsj.com/articles/inside-swiss-banks-tax-cheating-machinery-1445506381?mod=e2fb (conteúdo em inglês) — Acesso em: 25/10/2017.

[24] Proteja os denunciantes e acabe com o segredo em torno da evasão fiscal de multinacionais, Christian Aid, 29/06/2016. Disponível em: http://www.christianaid.org.uk/pressoffice/ pressreleases/june_2016/Protect-whistleblowers-and-end-secrecy-around-multinationals-tax-christian-aid.aspx (conteúdo em inglês) — Acesso em: 28/10/2017.

Membros do Parlamento Europeu oferecem apoio aos denunciantes do LuxLeaks condenados. Disponível em: The Guardian, 08/09/2016 https://www.theguardian.com/business/2016/sep/08/ meps-support-convicted-luxleaks-whistleblowers-luxembourg (conteúdo em inglês) — Acesso em: 01/11/2017.

Considerações

Uma importante descoberta dos estudos contidos neste livro é a identificação da existência de círculos rápidos e lentos contendo forças opostas que se inter-relacionam e podem ser claramente observados nos 27 círculos de causalidades aqui analisados individualmente. Os círculos rápidos são os que possuem uma natureza destrutiva e contaminam diretamente a qualidade das instituições, se ramificando em outras variáveis, como tráfico de influência, tamanho do setor público, eficiência regulatória e número de impostos e percentuais com consequências devastadoras para o Brasil. As forças que atuam para restringir e frear as que estimulam a corrupção possuem uma longa e lenta natureza, tornando a redução da grande corrupção uma tarefa bem mais difícil.

Essa diferença de velocidade ocorre, principalmente, nos casos envolvendo a grande corrupção, em razão da grande defasagem de tempo, na maioria das vezes anos, entre o crime de corrupção, desvios, fraude, operações ilícitas e lavagem de dinheiro e a sua detecção (quando ocorre) pelos órgãos judiciais, considerando que são praticados por agentes poderosos dos setores público e privado que, além de cometerem esses crimes de forma planejada e sob máximo sigilo, muitas vezes envolvem uma vasta gama de sofisticados esquemas legais, trabalhos de especialistas em esconder dinheiro, bancos em paraísos financeiros, além do fato de, quando pegos, contratarem os melhores advogados do país para sua defesa, que sabem utilizar todas as brechas que existem na lei para livrá-los da cadeia ou retardar o máximo possível o processo judicial.

Somado a isso, existe o sério agravante do foro privilegiado que blinda os políticos corruptos da ação da justiça, impedindo que sejam alcançados por ela, fato que assegura a impunidade destes. Por essa razão, nada aconteceu na esfera judicial contra os políticos envolvidos na Lava Jato, tendo em vista que apenas o STF pode julgá-los e o processo nessa corte suprema demora demasiadamente e muitas vezes prescreve.

Em razão desse fenômeno, a corrupção no Brasil aumentou sobremaneira a partir de 2003, gerando um altíssimo grau de instabilidade política e institucional, agravado pelo fato da qualidade da educação ter piorado significativamente com alto nível de analfabetismo funcional. Esse aspecto reforça o papel-chave que a educação/capital humano exerce na qualidade das instituições e consequente redução da corrupção.

O Brasil foi vítima do maior esquema de corrupção da história, orquestrado entre 2003 e 2015 e envolvendo somas sem paralelo para assegurar um projeto de poder permanente pela implantação de uma corrupção sistêmica. O renomado IMD, *Institute for Management and Development*, avaliou o grau de corrupção no Brasil de 9,4 em 10 em 2016 e o igualmente renomado EIU, *Economist Intelligence Unit*, com 7,5 em 10 (KAUFMANN et al., 2017).

O controle da corrupção no Brasil é agravado pelo fato de o país possuir dimensões continentais, com 26 estados e mais de 5.000 municípios, todos com suas respectivas instituições locais do executivo, legislativo e judiciário, fato que aumenta a capilaridade das práticas de corrupção, considerando que não existem mecanismos de governança e controles locais eficientes — o Brasil é tido como um país que possui um bom aparato de leis *de jure*, mas também um dos piores judiciários *de facto*, com grandes danos causados à sociedade.

Dimensões geográficas, número de habitantes e desigualdade estão entre as características comuns de países com alta corrupção, onde China, Rússia, México e Índia ocupam a primeira, segunda, terceira e quinta posições entre os países com o maior volume de transferências financeiras ilícitas do mundo — o Brasil ocupa a sétima posição.

Evidência empírica mostra que a corrupção é uma epidemia global com proporções que as sociedades civis em geral e o mundo acadêmico ainda não têm a necessária consciência — os esforços que estão sendo feitos são ainda pequenos em relação às proporções astronômicas da corrupção. As descobertas e a abordagem conceitual deste livro têm como objetivo prover uma colaboração teórica e prática para o entendimento e combate desse mal.

* * *

Políticas Recomendadas

O Brasil possui uma vasta legislação sobre atividades relacionadas ao combate à corrupção e crimes financeiros. Aprovou nova lei anticorrupção em agosto de 2013 (Lei 12.846/2013) — na mesma direção, já havia aprovado a lei de aperfeiçoamento do combate à lavagem de dinheiro (Lei 12.683/2012). Existe ainda a Estratégia Nacional de Combate à Corrupção e Lavagem de Dinheiro (ENCCLA), instituída em 2003 sob a coordenação do Ministério da Justiça e Segurança Pública. A ENCCLA é formada por mais de 70 órgãos dos três poderes da República, dos Ministérios Públicos e da Sociedade Civil que atuam, direta ou indiretamente, na prevenção e combate à corrupção e à lavagem de dinheiro. A ENCCLA intensifica a prevenção a esses crimes porque consiste da soma de *expertise* de diversos parceiros em prol do Estado brasileiro.[1]

Além disso, o Brasil é signatário da Convenção das Nações Unidas Contra a Corrupção (*United Nations Convention Against Corruption* — UNCAC); da Conven-

---

[1] O Departamento de Recuperação de Ativos e Cooperação Jurídica Internacional (DRCI/SNJ) tem por competência articular a implementação da ENCCLA (também conhecida como estratégia) e a Secretaria Nacional de Justiça e Cidadania coordena a Estratégia, em parceria com os demais órgãos que a compõem. Os trabalhos desenvolvidos pela Estratégia trouxeram diversos resultados positivos no combate ao crime de lavagem de dinheiro e às práticas de corrupção.

Dentre os resultados da ENCCLA, estão o Programa Nacional de Capacitação e Treinamento no Combate à Corrupção e à Lavagem de Dinheiro (PNLD); a Rede Nacional de Laboratórios contra Lavagem de Dinheiro (Rede-LAB); o Sistema de Movimentação Bancária (SIMBA); a iniciativa de padronização do *layout* para quebra de sigilo bancário e a posterior criação do Cadastro Único de Correntistas do Sistema Financeiro Nacional (CCS); e a proposição legislativa que resultou na promulgação de leis importantes para o país, tais como a Lei 12.683/12, acima citada, que modernizou a nossa Lei de Lavagem de Dinheiro.

ção Interamericana contra a Corrupção (*the Inter-American Convention against Corruption*); da Convenção Antissuborno da OECD (*the OECD Anti-Bribery Convention*); e da Convenção das Nações Unidas contra o Crime Organizado Internacional (*United Nations Convention against Transnational Organized Crime* — UNTOC) e Membro da Força-tarefa Ação Financeira (*Financial Action Task Force* — FATF).

A atual campanha internacional de combate à corrupção vem crescendo a cada ano, principalmente em razão da queda da atividade econômica mundial pós-colapso financeiro mundial de 2008, e pode colaborar para que medidas anticorrupção mais duras e eficazes sejam introduzidas no Brasil, a despeito da grande resistência que temos observado no Congresso Nacional, cujos representantes lutam para manter o atual regime de impunidade para salvar a própria pele, com movimentos de autopreservação que têm como um de seus principais símbolos a existência do foro privilegiado.

A convenção UNCAC, assinada por 172 países, inclusive o Brasil, entrou em vigor em 2005, e é a mais recente de uma longa série de iniciativas por meio das quais especialistas e políticos têm reconhecido a gravidade do problema da corrupção, um crime que corrói o valor da democracia, do desenvolvimento sustentável e do Estado de Direito. A UNCAC aborda tipos de corrupção que não haviam sido tratados em muitos dos instrumentos internacionais anteriores, tais como tráfico de influência, abuso de poder, vários outros tipos de corrupção, além de prever a recuperação de ativos roubados. Os programas internacionais anticorrupção introduzidos até o presente momento têm sido de grande relevância, mas até o momento seus impactos a nível global ainda são tímidos.

A sociedade brasileira tem feito grande pressão no sentido de combater a corrupção e punir seus responsáveis, sendo a operação Lava Jato, iniciada em março de 2014, o marco mais importante que ocorreu nesse sentido, pois mostra que o combate à corrupção pode ser eficaz e que depende muito da qualidade, determinação e perseverança dos órgãos de justiça. Entre as iniciativas reformistas está a proposta elaborada pelo Ministério Público Federal, que se tornou um projeto de iniciativa popular após coleta de mais de 1,5 milhão de assinaturas e foi transformado no projeto de lei 4.850/2016.

O cidadão brasileiro não aceita mais procrastinação, desculpas e manobras de seus representantes no sentido de evitar a implantação das medidas de correção de rumo. Não aceita mais ser manipulado, ouvir as mesmas retóricas ou mentiras de seus políticos, tais como "o importante é dar o primeiro passo" ou que "o caminho é longo e demandará sacrifícios". O brasileiro está cansado de sempre começar a andar, de viver eternamente no país do futuro, no gigante adormecido dominado por grandes corruptos.

A partir das descobertas resultantes da abrangente e profunda pesquisa efetuada para esta obra, elaboramos uma relação das políticas de reforma institucional, a qual contém 50 diretrizes-chave recomendadas e eficazes no combate à corrupção no Brasil, para diminuir a força de seus círculos destrutivos e causadores e fortalecer o controle e a governança institucional dos círculos virtuais balanceadores.

Cada uma dessas políticas demanda tempo para serem detalhadas (algumas se encontram em andamento) e bem implementadas pelas diferentes comissões no congresso nacional de uma forma aberta e transparente — essas propostas devem ser distribuídas às diferentes comissões parlamentares, entre as quais: de constituição e justiça, reforma do código penal, reforma política, regulatória, reforma administrativa, educação, finanças, assuntos fiscais e assuntos aduaneiros.

Diretrizes e Políticas

a) Prevenção e punição de crimes de corrupção — Círculo R1

1) Um dos mais graves problemas relacionados à corrupção no Brasil tem um nome — impunidade. A despeito de toda a mídia negativa a que os escândalos de corrupção são submetidos, não existe punição em razão de uma legislação cheia de lacunas e extremamente pró-corrupto e corrupção.

   Com a impunidade, a grande corrupção não pode ser freada ou desestimulada, e comunica fortemente à sociedade que corrupção é uma atividade criminosa compensadora, como visto com a incidência de desenfreada corrupção e fraudes (Mensalão, Correios, Zelotes, Lava Jato/Petrolão, BNDES, Fundos de Pensão, Banco do Brasil, Caixa Econômica, estatais diversas, Banco Santos, sindicatos, entre outros).

   O judiciário brasileiro, com raras exceções, possui ainda um histórico/tradição de certa leniência com empresas devedoras, acolhendo quase sempre sua desgastada lamúria de falsa-vítima, e crítica aos credores. Esse tratamento brando se estende a empresários e políticos envolvidos em grandes crimes financeiros. Um sintoma dessa cultura está no fato de os grandes criminosos financeiros e corruptos contratarem sempre as maiores e mais caras bancas de advogados do país. É vital acabar com essa cultura pró-infrator com a aplicação rigorosa do império da lei.

A severa, efetiva e célere punição daqueles que cometem crimes financeiros de corrupção, fraudes, lavagem de dinheiro, suborno, evasão fiscal e outros dos setores público, privado e grandes sindicatos (CUT, Construção Civil etc.) é o ponto de partida para reduzir o imenso espaço de tempo/resposta que existe entre a variável corrupção e os efeitos das medidas balanceadoras como maior eficácia das instituições.[2]

Uma gravíssima falha da justiça brasileira que necessita ser corrigida com urgência reside no fato de sua legislação priorizar a forma sobre a substância/fato/essência (direito romano), contrário ao prescrito em vários países desenvolvidos onde a substância prevalece em relação à forma da lei (direito comum).

Fraudes são cometidas utilizando-se a letra da lei, mas na verdade sua substância é um crime. Um bom e típico exemplo é o caso do triplex do ex-presidente Lula, cuja defesa insiste em dizer que, tendo em vista que não existe uma escritura em seu nome, não pertence a ele. Outro bom exemplo é o caso do dinheiro encontrado na Suíça, em uma conta cujo beneficiário é um "truste", mas que na verdade pertence ao ex-presidente da Câmara, Eduardo Cunha.

---

[2] Demonstrado pelos inúmeros escândalos que envolvem crimes cometidos por representantes dos setores público e privado, entre os quais o Mensalão, o Petrolão, a Lava Jato e a gigaoperação Zelotes deflagrada em 2015, monumental esquema de sonegação fiscal envolvendo alguns dos maiores grupos empresariais, como Gerdau, BankBoston–Itaú–Unibanco, Banco Santander, Bradesco, Banco Safra, Mundial–Eberle, Ford, Mitsubishi, Hyundai, o Grupo RBS afiliado da Rede Globo e a LTF Marketing de Luis Cláudio Lula da Silva, um dos filhos de Lula (o ex-presidente Lula também está sendo investigado), crimes que somam R$19 bilhões e que inclui também o Ministério da Fazenda (Conselho Administrativo de Recursos Fiscais — Carf) em investigação que envolve mais de 74 processos. É assombroso o fato de o Carf julgar atualmente processos que somam cerca de R$580 bilhões, mais que 8% do PIB nacional.

Apesar de o direito brasileiro ser baseado no direito romano (que é baseado na forma), é vital que seja aperfeiçoado com princípios eficazes adotados no sistema do direito comum (*common law*)[3], que prioriza a substância — essencial no combate a crimes financeiros de corrupção, fraudes, lavagem de dinheiro, entre outros.

Em razão do que foi acima exposto, além da "indústria" de habeas corpus, a justiça brasileira permite que muitos advogados de grandes cometedores de atos financeiros ilícitos se especializem em nulidades de decisões proferidas por magistrados na luta contra os crimes financeiros, fato que gera grande demora no processo e a certeza de impunidade.

Um exemplo típico se refere aos procedimentos ilícitos de Edemar Cid Ferreira e de seus ex-administradores, objeto de denúncia pelo Ministério Público Federal e enquadrados na Lei 7.492 de crimes contra o sistema financeiro e na Lei 9.613 de lavagem de dinheiro, com a condenação do ex-banqueiro a 21 anos de reclusão em 2005[4] — como esperado, o processo ficou engavetado no TRF e anulado em maio de 2015.

Existem ainda os grandes sindicatos que movimentam bilhões de reais e sabidamente estão envolvidos na política — tal qual deve ser feito nos setores público e privado, os grandes sindicatos e suas operações necessitam ser analisados com maior detalhe e rigor. Devem, obrigatoriamente, ser incluídos no radar de uma forte governança com o aumentado grau de controle e auditoria em razão dessa confusão e mistura de atividades políticas de seus dirigentes com as sindicais.

2) É vital fazer com que todo o arcabouço legal do país seja cumprido. Muitos crimes financeiros como corrupção não são casos que demandem novas

---

[3] Sobre a análise comparativa de onze elementos determinantes, dentre os quais o processo de julgamento dos magistrados, o papel da advocacia e o da Suprema Corte, de um sistema judicial com origens no *common law* (norte-americano), e fundado no *civil law* (brasileiro), ver tese de Doutorado defendida na UFSC em agosto de 2001, com período de pesquisas como *visiting scholar* na *Stanford Law School*: CASTRO JUNIOR, Osvaldo Agripino de. *Introdução ao Direito e Desenvolvimento: estudo comparado para a reforma do sistema judicial*. Prefácio Celso Campilongo. Brasília: OAB Nacional, 2004, 855 p.

[4] Disponível em: https://exame.abril.com.br/negocios/span-justica-federal-abre-processo-criminal-contra-d-span-span-ono-do-banco-santos-span-m0061754/ — Acesso em: 15/09/2017.

políticas ou leis, mas sim que o judiciário cumpra com eficácia e eficiência o seu dever na aplicação das leis existentes — o Brasil, ironicamente, possui um gigantesco aparato de combate a crimes financeiros como a corrupção e fraudes, como a Estratégia Nacional de Combate à Corrupção e à Lavagem de Dinheiro (ENCCLA), formada por mais de 70 órgãos, dos três poderes da República, Ministérios Públicos e da sociedade civil, além da Polícia Federal, do Ministério Público e do Ministério da Fazenda–Conselho de Controle de Atividades Financeiras (Coaf).

É essencial também dar maior visibilidade pública ao corrupto, incluindo cúmplices e colaboradores, e expor órgãos públicos tanto do executivo, do legislativo como do judiciário que "olham em outra direção", descumprindo seus deveres de fazer com que as leis sejam cumpridas. É vital que os corruptos identificados no Congresso Nacional (e também nos estados e municípios) tenham seus mandatos cassados — pela Câmara ou Senado ou pelos eleitores pelo sistema de *recall*[5]). É igualmente importante valorizar aqueles que agem para que as leis sejam respeitadas e observadas.

3) O STF necessita manter sua decisão recente, na qual a execução da pena passou a ocorrer a partir da 2ª instância, com a confirmação da sentença do julgamento/condenação realizada pelo juízo de 1ª instância, decisão esta vinculada à questão da prova e não ao direito de recurso.

O STF mostrou que esse critério não viola o princípio da presunção de inocência e que o que importa é a existência de prova categórica da responsabilidade criminal. Com isso, logrou fechar uma das maiores portas da impunidade ao invés de esperar até o último grau de recurso (STF), que permitia grande manipulação e recursos infindáveis, garantindo a impunidade.

Dessa forma, o Brasil se aproxima do modelo praticado em países-berço históricos da presunção da inocência, com tradição de respeito aos direitos humanos bem maior que o Brasil, como EUA e França, onde a execução da pena ocorre a partir do julgamento/condenação em 1ª instância.

4) Fortalecer o sistema de justiça e reduzir os incentivos e oportunidades para a prática de crimes financeiros como a corrupção, iniciativa que conta com

---

[5] *Recall* — quando os eleitores votam para cancelar o mandato de seu representante.

o apoio esmagador da opinião pública, da sociedade civil organizada e da imprensa em geral. Historicamente, sempre existiu uma omissão e inércia muito grande nessa área, pois quem sempre se beneficiou desse sistema não quer as reformas e tenta frear os processos de combate à corrupção. Combater o abuso de poder por parte dos representantes do Executivo e Legislativo que eventualmente atuam para obstruir a justiça.

5) Aperfeiçoar o regime de colaboração/delação premiada tradicionalmente utilizado com sucesso em vários países no combate a crimes financeiros como a corrupção ("plea bargain") e adotado também no Brasil com sucesso, principalmente na operação Lava Jato.

Aspectos importantes: (a) é bem difícil descobrir crimes financeiros como a corrupção e, quando descobertos, é difícil prová-los, e, quando provados, não encontram uma resposta adequada dentro do sistema de justiça[6] — não se pode depender apenas do aparato judicial; (b) permite o desmantelamento de quadrilhas e a chegada aos orquestradores/arquitetos/líderes mais poderosos; (c) são feitos acordos com criminosos menores para chegar em criminosos maiores; (d) muitas vezes só quem sabe dos crimes são os próprios criminosos; (e) criar mecanismos que evitem delações irregulares e fabricadas, como a dos irmãos Batista em 2017, que fizeram acordo com o PGR, com Rodrigo Janot, amparado pelo Ministro do STF Edson Fachin contendo graves falhas.

6) Aumentar a eficácia do processo penal com medidas como prisão preventiva/cautelar como observado na operação Lava Jato, para que se possa proteger as provas, impedir que sejam apagadas, evitar a fuga do denunciado e proteger a sociedade ou a vítima de novos crimes; casos envolvendo corrupção sistemática demandam também a aplicação da prisão preventiva/cautelar.

7) Acabar com o regime de foro privilegiado, uma das maiores aberrações existentes no Brasil, que assegura a impunidade dos órgãos públicos corruptos; blinda os políticos corruptos da ação da justiça, impedindo que sejam alcançados por ela. Por essa razão, nada aconteceu na esfera judicial contra os políticos envolvidos no Petrolão, tendo em vista que apenas o STF pode

---

[6] Na linha do que disse o Juiz Sérgio Moro em entrevista a Globo News em 17/10/2017.

julgá-los — sabidamente, o processo nessa corte suprema demora demasiadamente, sendo a punibilidade muitas vezes extinta pela prescrição.

8) Introduzir penas de prisão bem mais rígidas de forma a desestimular e prevenir a corrupção, e incluir a possibilidade de prisão perpétua, acabando com o regime de pena máxima para esses casos. Tornar o processo mais célere, acabando com o limite de idade de 70 anos para encarceramento para os casos de corrupção, uma vez que existem muitos políticos e empresários ladrões com mais de 70 anos. São velhos para irem para a prisão, mas não para assaltarem o povo brasileiro.

9) Acabar com a prescrição nos casos de crimes financeiros de corrupção, fraudes e atividades ilícitas, tal como ocorre com a violação de Direitos Humanos, para a qual há a imprescritibilidade.

10) Criar mecanismos de denúncia de crimes financeiros de corrupção, preservando a identidade do denunciante, assim como assegurar sua proteção, na mesma linha do Programa de Denunciantes da Lei Dodd-Frank[7] e do que fazem o Projeto de Accountability do Governo (GAP — Government Accountability Project, que atua na proteção do denunciante)[8] e o Banco Mundial.[9] Escândalos trazidos à tona pelo Consórcio Internacional de Jornalistas Investigativos (International Consortium of Investigative Journalists — ICIJ) e outros seguramente estão contribuindo para identificar autoridades de diversos países e empresas que participam de atividades ilícitas em diferentes paraísos financeiros: Swissleaks (2015), Luxleaks (2014), Panama Papers (2016), Paradise Papers (2017) e outros.

11) Reformar o Código Penal de forma a aumentar a eficácia e dar maior celeridade aos processos envolvendo crimes financeiros como corrupção, fraudes, ocultação patrimonial e desconsiderar a personalidade jurídica, aumentando os riscos e os custos para aqueles envolvidos em crimes financeiros. Tornar também mais célere e eficaz o procedimento de bloqueio de contas e bens,

---

[7] Disponível em: https://www.sec.gov/spotlight/dodd-frank/whistleblower.shtml (conteúdo em inglês) — Acesso em: 20/09/2017.

[8] Disponível em: https://www.whistleblower.org (conteúdo em inglês) — Acesso em: 20/09/2017.

[9] Disponível em: https://intlbankforreconanddev.ethicspointvp.com/custom/ibrd/_crf/english/form_data.asp (conteúdo em inglês) — Acesso em: 20/09/2017.

tanto de pessoas físicas como jurídicas — no Brasil e exterior, incluindo laranjas, empresas sem identificação do beneficiário final e outras formas adotadas para esconder dinheiro.

12) Acabar com o sigilo bancário no Brasil e exterior para órgãos públicos dos três Poderes nas esferas federal, estadual e municipal (que sejam beneficiários diretos e/ou indiretos por meio de trustes e outros mecanismos).

b) Governança — Constituição e Justiça — Círculo B1.1

13) Aperfeiçoar o procedimento de nomeação de ministros dos tribunais superiores de sorte a assegurar sua independência e incorruptibilidade. Permitir que apenas magistrados de carreira ocupem postos nos tribunais superiores. Fortalecer a governança sobre o judiciário. Além de muitas fragilidades que cercam o judiciário e demandam uma análise detalhada e respectiva reforma.

14) Incluir crime de Traição da Nação entre os que demandem o *impeachment* do Presidente da República, da mesma forma que existe nos EUA.

15) Impedir que membros da AGU atuem na defesa do Presidente da República em casos de *impeachment*.

c) Eficiência Regulatória — Círculos R1.6/B1.6

16) Introduzir uma campanha nacional de disseminação da grande soma de dinheiro roubada pela corrupção e o imenso dano físico e mental que os corruptos impõem a toda a sociedade — aumento da pobreza, desigualdade, exclusão social, desemprego, subemprego, tirando os direitos e vidas de milhões de crianças, mulheres, homens e idosos — de sorte a atingir maior nível de transparência e engajamento da sociedade civil no combate à corrupção.

17) Fortalecer a regulamentação e transparência relacionadas às aquisições e contratações realizadas por empresas de controle estatal, assim como por governos federal, estaduais e municipais.

18) Fortalecer a regulamentação relativa a financiamento governamental (BNDES e outros) de projetos no Brasil e em países estrangeiros com melhor governança e total transparência.

d) Educação/Capital Humano — Círculo B4

19) Reforma do sistema de educação no sentido de melhorar a qualidade do ensino público nacional, incluindo a melhor preparação dos professores e sua valorização, inclusive com salários mais dignos.

20) Introduzir o estudo da corrupção em todos os níveis do currículo escolar. No nível universitário, deve ser incorporado a diferentes disciplinas, como direito, economia, administração, ciências políticas, sociologia, antropologia, história e jornalismo/comunicação a níveis de bacharelado, mestrado e doutorado.

e) Reforma Política e Eleitoral — Círculo B1.1

21) Introduzir uma reforma que fortaleça o regime democrático com maior participação da sociedade civil e que, consequentemente, melhore a qualidade da governança e *accountability*. Um sistema que estimule a alternância de poder e ajude a evitar a corrupção.

22) Introduzir o sistema de voto impresso no lugar do voto eletrônico.

23) Acabar com a sistemática de reeleição do Executivo — presidente, governadores e prefeitos.

24) Aperfeiçoar e aplicar com maior rigor a lei da ficha limpa.

25) Introduzir o sistema de voto distrital puro para eleição de parlamentares a níveis federal, estadual e municipal conforme feito em diversos países, inclusive nos EUA, onde cada parlamentar representa um conjunto fixo de cidadãos, o que possibilita a manutenção de uma forte relação entre o eleitor e o parlamentar. Na medida em que seus representantes são conhecidos em seus distritos, esse sistema permite a redução dos custos das campanhas eleitorais e fortalece a governança e o *accountability*.

26) Reduzir e limitar a quantidade de partidos políticos, inclusive com a volta da cláusula de barreira de 5% para que o partido tenha parlamentar no Congresso Nacional.

27) Introduzir o sistema de *recall* similar ao existente nos EUA, em que, por meio do voto direto, os eleitores podem remover um representante de seu cargo a qualquer momento, mesmo antes do término de seu mandato.

28) Exigir formação universitária para o exercício de cargos de Presidente da República e toda a cúpula de governo e Congresso Nacional, assim como para níveis de Estado e Municípios.

29) Fazer uma reforma do sistema de financiamento eleitoral para cargos públicos executivos.

30) Impor severas restrições de uso de dinheiro público por governantes para fins eleitorais e propaganda de governo.

31) Impedir que ex-presidentes ocupem cargos políticos.

f) Reforma Fiscal — Círculo R1.4/B1.4

32) Reduzir a carga tributária na mesma proporção do corte do tamanho do Estado — a níveis federal, estadual e municipal. O Brasil explora a sociedade com uma das cargas tributárias mais elevadas do mundo sem a respectiva contrapartida em serviços para a sociedade, além de uma infraestrutura extremamente precária — estradas, portos, escolas, hospitais, aposentadoria etc.

g) Reforma Administrativa — Círculo R1.5/B1.5

33) Redução significativa do tamanho do Estado (número de funcionários, eliminando também os funcionários fantasmas) — Executivo, Legislativo, a níveis federal, estadual e municipal. Nas décadas de 1960 e 1970, com metade da carga tributária e tamanho do Estado/Ministérios, tinha-se educação, saúde, segurança e qualidade de vida muito superiores às de hoje.

34) Dar total transparência pública e diminuir significativamente os exorbitantes salários e benefícios de representantes e funcionários do Executivo, Legislativo e Judiciário (a níveis Federal, Estadual e Municipal) que incluem mais de 13 salários anuais, ajudas de custo, de moradia, de viagem e aposentadorias milionárias e cortar as gigantescas mordomias e gastos, tais como, mas não limitados a, carros, motoristas, secretárias, assessores, caseiros, empregadas domésticas, jardineiros, viagens nacionais e internacionais, uso de aviões etc.

Tornar obrigatória a prestação de contas com relatórios mensais e anuais de realizações dos membros do Senado e Câmara dos Deputados (Deputados Federais/Estaduais e Vereadores). Respeitar a coisa pública, como ocorre nos países civilizados e desenvolvidos.

35) Acabar com o excesso de empresas, institutos e fundações públicas que representam apenas desperdício do dinheiro público.

36) Reformar os sistemas de governança das empresas de controle estatal, autarquias e Sindicatos (inclusive BNDES, bancos estatais e Fundos de Pensão) nos moldes do que existe nos EUA, Canadá e em países da Europa, exigindo total transparência pública em suas páginas da internet — obrigar que (i) todos sejam auditados e publiquem seus relatórios trimestrais e anuais em conformidade com as normas contábeis e não sejam mais essa caixa preta atual dando margem a ilícitos de toda a sorte; (ii) informem também: organograma, número de funcionários, nomes dos funcionários por setor, salários e benefícios, patrimônio dos diretores antes de assumirem seus cargos e durante o período em que ocuparem tais cargos, assim como após deixarem o cargo.

A administração dos Sindicatos demanda também maior escrutínio, considerando o grande volume de dinheiro que movimenta e a precariedade de sua governança e controle. Observamos a confusão feita entre os interesses dos sindicatos e os interesses políticos de seus líderes, que muitas vezes utilizam o aparato/funcionários do sindicato em suas campanhas políticas fazendo trabalhos de tesouraria de campanha e pedindo e recebendo doações de empresas — essa prática deve ser coibida. Muitas das práticas dos sindicatos não são de conhecimento público atualmente, passando abaixo do "radar".

Fortalecer de igual forma a inteligência de governança com profissionais de alta qualificação e sistemas computadorizados modernos.

37) Fortalecer os Tribunais de Contas da União, Estados e Municípios assegurando que seus integrantes sejam concursados, proibindo também nomeações para esses tribunais.

38) Privatizar todas as empresas de controle do Estado a níveis Federal, Estadual e Municipal que forem passíveis de privatização e de forma criteriosa. Privatização real, e não do Estado para Fundos de Pensão de Estatais, por exemplo.

39) Proibir políticos de ocuparem qualquer posto em empresas de controle estatal, assim como o loteamento de cargos feitos atualmente, inclusive nos fundos de pensão de empresas de controle estatal. Acabar com nomeações e cabides em estatais (Petrobras, Eletrobras, Itaipu, todas as bras etc.). Profissionalizar a gestão dessas empresas, inclusive fundos de pensão de empresas estatais, e assegurar que tais postos sejam ocupados por profissionais devidamente qualificados.

40) Fazer um levantamento geral e minucioso de todos os que ocupam e ocuparam cargos políticos, de forma a conhecer sua variação patrimonial quando no exercício de funções públicas.

41) Reduzir a quantidade excessiva de municípios, fontes de grande desperdício de dinheiro público.

42) Proibir a prática de nepotismo nos 3 poderes a níveis federal, estadual e municipal, muitos dos quais nem chegam a exercer a função e com salários, benefícios e mordomias exorbitantes.

43) Acabar com todos os abusos feitos com dinheiro público.

h) Reforma do Sistema Financeiro — Círculo R7

44) Impor estritos controles e sanções sobre o gigantesco mercado paralelo de câmbio (câmbio negro) de moedas nacional e estrangeira, uma das grandes rotas através da qual o dinheiro de crimes financeiros como a corrupção é movimentado e lavado.

45) Exigir que as instituições financeiras façam a devida análise dos beneficiários das contas correntes existentes em suas instituições, inclusive na abertura de contas. Impor pesadas sanções financeiras às instituições financeiras que efetuarem depósitos sem origem e permitirem saques em espécie de somas vedadas em lei.

46) Fortalecer os esforços junto à comunidade internacional para demandar transparência por parte dos bancos que escondem dinheiro roubado, e exigir o fim das empresas anônimas em paraísos fiscais.

47) Fortalecer as políticas de controle e rastreamento inverso de dinheiro roubado, demandando prova de originação de dinheiro gasto por suspeitos. Essas medidas aumentam a possibilidade de capturar o corrupto, além de dificultar muito a utilização do dinheiro roubado.[10]

48) Fortalecer a cooperação com agentes da lei de outras jurisdições nas investigações envolvendo corruptos que escondam patrimônio fruto de dinheiro roubado em outros países. Escândalos trazidos à tona pelo Consórcio Internacional de Jornalistas Investigativos (*International Consortium of Investigative Journalists — ICIJ*) e outros seguramente estão contribuindo para identificar autoridades de diversos países e empresas que participam de atividades ilícitas em diferentes paraísos financeiros: *Swissleaks* (2015), *Luxleaks* (2014), *Panama Papers* (2016), *Paradise Papers* (2017) e outros.

i) Reforma do Sistema Alfandegário — Círculo R7

49) Impor estritos controles e sanções sobre sub e superfaturamento em transações de comércio exterior.

50) Aumentar o controle sobre a alfândega, fronteiras, narcotráfico e crime organizado de mercadorias e serviços.

Esse conjunto de propostas de 50 diretrizes, políticas e reformas realizadas a partir da análise do diagrama de círculos de causalidade, combinadas com as iniciativas em andamento, aplicadas tanto em nível doméstico como internacional, irão exercer uma força importante para reduzir a corrupção no Brasil.

A eliminação das atuais lacunas da lei, juntamente com a maior eficácia do sistema judicial e punições mais severas, aumentarão o risco e o custo daqueles agentes públicos e privados ao se defrontarem com a possibilidade de praticarem

---

[10] Criminosos financeiros de corrupção e fraudes, inclusive condenados pela justiça, vivem nababescamente aos olhos dos órgãos de justiça e de fiscalização como Polícia Federal, Ministério Público, Receita Federal e Banco Central sem qualquer receio de serem pegos (o caso do ex-dono do falido Banco Santos é um deles — veja o caso Banco Santos, Anexo I).

crimes financeiros como a corrupção — terão que pensar melhor em todas as consequências da dura aplicação da lei sobre os atos de crimes financeiros como corrupção, tais como encarceramento, grandes gastos advocatícios, destruição da imagem pública e danos nas relações familiares e amigos, profissionais, financeiros, psíquicos e de saúde.

Além disso, existe ainda o risco de receberem a propina, mas ficarem impedidos de utilizá-la face à implantação de melhores instrumentos de controle. Ainda que o espaço de tempo entre o ato da corrupção e a descoberta continue a existir, esses elevados riscos para os grandes criminosos financeiros e corruptos certamente atuarão como fortes inibidores da corrupção e resultarão em sua redução.

* * *

Conclusão

Com instituições mais fortes e menor grau de cometimento de crimes financeiros como corrupção, as variáveis do grupo de círculos B, como investimentos público e privado, gastos com o desenvolvimento de melhor capital humano/educação, formação de capital, desenvolvimento/PIB, emprego e renda terão um significativo aumento, o que seguramente contribuirá para a melhoria da qualidade de vida de toda a população, incluindo menor desigualdade, pobreza e redução de uma vasta gama de variáveis negativas.

A detalhada análise aqui realizada desenvolveu uma sólida base e conteúdo de conhecimento da complexa dinâmica da corrupção no Brasil, e fornece um retrato completo sobre como a corrupção funciona. Foram detalhadas as causas e consequências da corrupção por meio do diagrama completo de círculos de causalidade. Foram identificadas também as forças rápidas e destrutivas dos círculos de reforço e as forças virtuais balanceadoras acompanhadas das respectivas relevâncias para a dinâmica de aumento e redução da corrupção.

Foi abordada também a pergunta da pesquisa (*research question*) de "Como a corrupção afeta o bem-estar no Brasil?", diminuindo a qualidade das instituições, causando desigualdade e pobreza, além de reduzir o investimento e crescimento do país. A partir dos resultados identificados no diagrama de círculos de causalidade, foi possível apresentar uma relação de 50 recomendações de políticas e reformas de redução dos crimes financeiros de corrupção a serem implementadas e que, com a menor corrupção, resultarão em melhoras nas variáveis como governança, *accountability*, capital humano/educação, investimentos, desenvolvimento econômico, emprego, renda, juntamente com menos desigualdade e pobreza.

A introdução de um melhor e mais efetivo sistema eleitoral, juntamente com maior transparência, permitirá a alternância de poder e maiores controles preventivos, melhor governança, sanções e punições mais severas, afastamento dos representantes corruptos, além de um aparato de Estado mais enxuto, maior consciência e participação da sociedade, exposição pública de órgãos públicos corruptos, e aumento significativo dos riscos e custos e menores ganhos potenciais para representantes corruptos, resultando em menor grau de corrupção.

Esperamos que este livro possa contribuir no estudo e entendimento da corrupção para o cidadão comum e comunidade acadêmica em geral, assim como para ONGs, agências de combate à corrupção e entidades governamentais nacionais e estrangeiras, agências multilaterais, entre outros. Esperamos também que possa auxiliar no aperfeiçoamento dos currículos das diferentes disciplinas, como direito, economia, finanças, administração pública, ciências políticas, ciências sociais, história e outras.

O Brasil sem corrupção tem todas as condições de ser uma nação de primeiro mundo e ter um estado de bem-estar social, sem a pobreza e a miséria que existe hoje em todo o seu território, e sem direitos usurpados por criminosas quadrilhas de cleptocratas das esferas pública e privada. Para isso, é necessário que toda a sociedade dê um basta na corrupção com a implementação e execução das diretrizes aqui recomendadas e, acima de tudo, com uma mudança de atitude, incorporando a determinação exigida para prevenir e punir com firmeza e severidade esses grandes criminosos.

De nada adianta ficar na inércia, achando que alguém tomará essas medidas por nós, pois essa pessoa ou mágico não existe, somos nós que temos que fazer.

Por fim, acredita-se que esta obra contribua para o melhor entendimento e erradicação dessa inaceitável epidemia criminosa — a corrupção, nas distintas formas aqui preconizadas, e com o engajamento de toda a Nação para combatê-la.

* * *

I

ANEXO

Casos Práticos de Corrupção e Fraude

Os Casos da Encol e do Banco Santos

A inclusão desses dois casos práticos é importante por dois grandes motivos: (i) mostrar o que leva um profissional a enfrentar o desafio de combater in loco esses crimes e (ii) mostrar os diferentes níveis de complexidade e nuances de casos reais relatados por quem os conduziu e ajudou a solucionar.

Esses dois casos são emblemáticos, pois mostram como funcionam os crimes de corrupção e fraude envolvendo o setor privado e estatal, longe dos olhos do público em geral. Mostramos aqui os pontos centrais dos escândalos e golpes bilionários da Encol e do Banco Santos e os motivos pelos quais são importantes para o cidadão comum e para os estudiosos. Eles ajudam a entender o descaso no trato com a coisa pública, a injustiça e a impunidade que reinam no Brasil, fornecendo detalhes da dimensão do problema astronômico que está diante da sociedade, que necessita resolvê-los.

Esses dois escândalos estão entre os maiores casos de corrupção e fraude da história. Possuem aspectos ilícitos e criminosos comuns à extensa lista que conheço no Brasil pós-1990.

O caso da maior construtora do setor imobiliário de sua época, a Encol, envolveu uma grande quantidade de irregularidades, ilicitudes e crimes cometidos por seus ex-dono e administradores, além de revelar uma relação promíscua com o Banco do Brasil, o maior credor da empresa, que não é um banco com perfil para atuar no setor imobiliário, como a Caixa Econômica e outros.[1]

O caso Banco Santos, por sua vez, envolveu operações financeiras ilícitas e fraudes cometidas por seus ex-dono e administradores, tráfico de influência envolvendo José Sarney[2], além de grandes captações feitas junto a fundos de pensão.[3]

Que fator comum presente nesses dois escândalos prestes a explodir sinalizou que algo gravíssimo estava ocorrendo? O crescimento anormal verificado nos dois casos em curtíssimo espaço de tempo e da seguinte forma:

Na Encol, o faturamento cresceu mais de cinco vezes em quatro anos (1987 a 1990), saltando da casa do equivalente em reais a US$150 milhões de dólares para próximo de US$800 milhões, chegando em 1994, com o colapso já à porta, com um faturamento de US$1,2 bilhão de dólares.

Já o Banco Santos, em meros seis a sete anos, passou de um porte bastante pequeno e irrelevante em 1994 para ficar entre os dez maiores bancos do país em 2001, ano em que a fiscalização do Banco Central foi intensificada.

Trata-se de níveis de crescimento totalmente incompatíveis com o nível de crescimento do país e da demanda, que, por alguma razão, passaram despercebidos pelos analistas e órgãos responsáveis.

Chama à atenção o paralelismo com escândalos como JBS, EBX e outros.

As duas empresas fizeram também uso de fortes campanhas publicitárias em toda a mídia nacional, ocupando também capas de revistas como Exame, Isto É e Veja, entre outras. Merece destaque o fato de o programa Canal Livre da BAND de 13/03/2011 ter tido como convidado especial ninguém menos que Edemar Cid

---

[1] Divulgado em: http://www.ibgt.com.br/blog/wp-content/uploads/2013/01/VEJA-FALCATRUAS-DA-ENCOL.pdf — Acesso em: 15/10/2017.

Divulgado em: http://www.ibgt.com.br/blog/wp-content/uploads/2013/03/VEJA-02ago2000-ENCOL-Todos-os-homens-de-Eduardo-Jorge.pdf — Acesso em: 15/10/2017.

[2] Disponível em: https://exame.abril.com.br/brasil/stf-analisa-se-sarney-teve-informacao-sobre-banco-santos/ — Acesso em: 05/10/2017.

[3] Fundos Sofrem Perdas com Intervenção no Banco Santos. Novembro 2004. Disponível em: https://www.correiodobrasil.com.br/fundos-sofrem-perdas-com-intervencao-no-banco-santos/ — Acesso em: 05/10/2017.

Ferreira, justo o protagonista de um dos maiores escândalos do sistema financeiro nacional — esse programa que mais se assemelhava a uma propaganda, em nova e frustrada tentativa do ex-dono do falido Banco Santos de "vender" uma ideia da vítima que tentava proteger os credores, fato que me instou, como real representante dos credores, a entrar com ação judicial pedindo direito de resposta, que foi obtido, porém concedido pela justiça apenas 6 anos depois.[4]

Esse fenômeno tem nome: esquema pirâmide, pedaladas ou esquema Ponzi. As empresas acabaram falindo e impuseram perdas multibilionárias a milhões de famílias, a cidadãos e ao país.

Nesses dois escândalos[5], pude testemunhar e constatar pessoalmente o grave fato de: termos uma instituição judiciária que (i) não funciona; (ii) não entrega justiça; (iii) não faz justiça; (iv) beneficia os fraudadores e os corruptos, que com o dinheiro roubado pagam os melhores advogados para garantir sua impunidade e protelar eternamente qualquer processo judicial nas esferas cíveis e criminais; e (v) termos uma justiça lenta e que não pune os grandes criminosos políticos e de colarinho branco que sempre conseguem lograr a impunidade nos tribunais superiores.

Além disso, observamos: (vi) um judiciário que não trabalha para a sociedade nos casos de grande corrupção e fraude, representando um pesadíssimo ônus; (vii) que o sistema judicial assegura a impunidade dos criminosos e pune suas vítimas — e quem sempre perde são os lesados, a população e o país; (viii) que quem sempre paga a conta da grande corrupção política e das empresas é a população, da mesma sorte que está pagando uma vez mais os desvios astronômicos ocorridos nos governos dos ex-presidentes Lula e Dilma Rousseff com o Petrolão, BNDES, bancos e entidades estatais, fundos de pensão e sindicatos, entre outros.

---

[4] Edemar Cid Ferreira é o entrevistado especial do Programa Canal Livre da BAND em 13/03/2011, em mais uma tentativa frustrada de vender a ideia de vítima e não de fraudador e o meu direito de resposta como representante dos credores ao insulto feito no programa. Disponível em: https://www. youtube.com/watch?time_continue=2&v=qH_XyX8QETI — Acesso em: 15/10/2017.

[5] Disponível em: http://www.ibgt.com.br/blog/wp-content/uploads/2013/01/VEJA-FALCATRUAS-DA-ENCOL.pdf — Acesso em: 15/10/2017.

Disponível em: https://exame.abril.com.br/revista-exame/ascensao-e-queda-de-edemar-m0041067/ — Acesso em: 15/10/2017. Disponível em: https://www.conjur.com.br/2011-mar-14/banco-santos-faliu-fraudes-edemar-cid-ferreira — Acesso em: 15/10/2017.

Disponível em: http://www1.folha.uol.com.br/fsp/opiniao/fz2203201107.htm — Acesso em: 15/10/2017.

Tudo o que será exposto nesses dois casos práticos servirá de ajuda para mostrar que o combate às fraudes e desvios de dinheiro público no Brasil é bastante complexo e cheio de armadilhas, demandando esforço hercúleo para que se tenha relativo êxito. Muitas barreiras e deficiências de nossos sistemas de governança e controle, assim como de nosso judiciário, devem ser vencidas para que se logre a justiça. Talvez a mais importante mudança, que necessita obrigatoriamente ser feita o quanto antes, é introduzir dispositivos legais mais severos de punição aos crimes financeiros e de corrupção, pois até o momento os grandes criminosos políticos e empresariais têm enviado a clara mensagem à sociedade de que o crime compensa.

O caso Encol

A Experiência

O primeiro aspecto a ser tratado é: o que leva um profissional sério, capaz e com currículo diferenciado a participar de um desafio das proporções da construtora Encol? A resposta está essencialmente em ajudar as quarenta e duas mil famílias de clientes/compradores a não perderem o dinheiro investido na compra de suas residências e os doze mil trabalhadores a não perderem seus empregos, assim como em ajudar o país a melhorar suas instituições.

No início de 1997, fui contatado pela cúpula do Banco do Brasil, que havia feito uma intervenção na Encol, sendo informado que, na qualidade de maior credor, o banco estava liderando um processo de recuperação da construtora. Recebi então o convite formal para liderar a difícil tarefa. Em reunião inicial com um membro da cúpula do Banco Itaú, outro importante credor, tive a atenção despertada. Ao mesmo tempo que me teceu elogios, ele destacou que eu era muito corajoso, e o que quis dizer com isso viria a entender muito em breve.

Quando cheguei na sede da construtora em Brasília, o quadro era fúnebre e o semblante dos funcionários o pior possível. Podia-se ver que algo muito grave estava acontecendo. As primeiras constatações comprovaram minha impressão inicial, com a totalidade das obras dos setecentos e dez prédios residenciais paradas, assim como estavam parados seus doze mil trabalhadores.

As análises iniciais mostraram que a empresa já estava insolvente há cerca de três anos (1994–1996) e que o descontrole administrativo era total. A segunda constatação foi a de que havia uma relação promíscua entre a Encol e o Banco do Brasil. A terceira foi a de que não havia real interesse do Banco do Brasil e demais bancos credores em estruturar e implementar uma operação que permitisse a conclusão e entrega das unidades residenciais inacabadas às quarenta e duas mil famílias de promitentes compradores.

Tudo isso se deu em um espaço de cerca de 6 meses, encerrado em agosto de 1997, em um regime de trabalho insano de praticamente 24x7 (24 horas, 7 dias da semana, durante 6 meses). Nesse período, dei total transparência à realidade da construtora, assim como desmantelei um gigantesco esquema criminoso envolvendo a construtora e membros da cúpula do Banco do Brasil, evitando que as fraudes se arrastassem por mais tempo.

Entre os principais destaques de natureza pessoal que marcaram esse desafio singular estão:

- Chamou bastante a atenção o estranho pedido de um membro da cúpula do Banco do Brasil para que eu fizesse o trabalho na cidade onde eu morava, São Paulo. Vi como um alerta de que algo de muito errado existia. Expliquei que não atuava na solução de crises empresariais à longa distância e fui para Brasília em fevereiro de 1997.

- Minha contratação imediata de uma conceituada empresa de auditoria, Deloitte, em razão da precária situação da Encol e de seus balanços não serem confiáveis, adicionado ao grave fato de a Encol estar sem auditoria, como determina a Lei das S.As. A contratação da Deloitte só foi possível em razão do grau de confiança que essa empresa tinha em minha atuação profissional.

- Foi feito um grande bem aos promitentes compradores desvendar a verdade da situação da Encol, que vinha sendo omitida durante pelo menos os três anos que antecederam minha chegada, em fevereiro de 1997. Participei de diversas assembleias de compradores nas quais a situação antes de minha solitária apresentação era de tensão e revolta. Sem embargo, após detalhada exposição mostrando que a Encol se encontrava insolvente e o que estava sendo feito junto aos trinta e oito bancos credores e ao ex-dono, com os diferentes cenários, entre os quais a falência da empresa, o clima mudou diametralmente. A principal lição foi que o mais importante é trabalhar com a verdade e a total transparência, por pior que seja a situação. A partir de então passou a existir uma disposição coletiva em buscar soluções, inclusive a nível político, no Congresso e Executivo (Federal, Estadual e Municipal).

- Tratar diretamente com o medo de milhares de compradores com quem estabeleci contato, inclusive dando a eles acesso para que ligassem para minha casa durante a noite. Acesso este estendido a todos.

- Ter a experiência de viver em um ambiente empresarial perigoso, pesado e repleto de mentiras e fraudes.

- Brasília me causou também péssima impressão. Pude observar que a cidade em si, provavelmente por ser a capital federal, é marcada por tráfico de influência. Em razão de ser o maior escândalo do momento no Brasil, havia também muitos contatos com políticos da época e representantes do governo, além de contatos com autodenominados lobistas trazendo recados e até mesmo ameaças. Sem falar em comportamento e mensagens não convencionais de membros da cúpula do Banco do Brasil.

- Recebimento de ligações com ameaças de morte.

- Ter minha casa invadida pelo ex-dono da Encol na ocasião do desmantelamento das fraudes e farsas em agosto de 1997.

- Denúncia de corrupção envolvendo o juiz de Goiânia, que decretou a concordata irregular da Encol em 1997.

- Pude também colaborar com a CPI da Encol, apresentando relatório detalhado da empresa, inclusive com recomendações de aperfeiçoamento do sistema imobiliário residencial.

Foi um caso que demandou muito mais do que conhecimento técnico e gerencial. Demandou extrema perícia e determinação, pois me encontrava diante de um crime de proporções astronômicas, para o qual se buscava inclusive a figura de um "bode expiatório" para nele despejar toda a responsabilidade e isentar aqueles que cometeram os crimes. O judiciário veio a determinar os reais responsáveis com subsídios decorrentes de meu trabalho, ou seja, o ex-dono da Encol e diretores do Banco do Brasil na ocasião. Este foi isoladamente o aspecto mais crucial da quebra da Encol, pois, se não exercesse o máximo de minha experiência e fé, corria sério risco de vir a ser este "bode expiatório", o que não permiti que acontecesse.

Esta experiência ímpar me permitiu testemunhar presencialmente mais uma faceta da realidade brasileira, a do banditismo altamente perigoso que ainda se pratica na capital federal e se estende por todo o Brasil.

O Caso

A Encol nasceu em 1961, a partir de uma pequena fábrica de tacos em Goiânia. Em 1966, sua sede foi transferida para Brasília, aí permanecendo até novembro de 1997, quando de forma irregular transferiu sua sede novamente para Goiânia, onde contava com forte apoio político, além de um judiciário mais amistoso. O objetivo foi escapar do judiciário de Brasília, onde o Ministério Público já estava em seu percalço, para conseguir a aceitação de um pedido de concordata fraudulenta em Goiânia apenas para ganhar tempo, pois, na verdade, já estava falida. Deixou setecentas e dez obras paralisadas e impôs uma perda total em reais equivalente a US\$3,5 bilhões a quarenta e duas mil famílias de clientes, doze mil trabalhadores, inúmeros fornecedores, instituições financeiras e outros; um universo de mais de duzentas mil pessoas, dura e diretamente prejudicadas em todo o Brasil.

A falência foi decretada em 1999 e encerrada quinze anos após. Uma grande quantidade de crimes foi cometida tanto pelo ex-dono e executivos da Encol quanto por membros da cúpula do Banco do Brasil sem que houvesse qualquer punição.[6]

O crescimento da Encol teve início na década de 80, ao adotar uma agressiva política de expansão entre 1987 e 1990, ocasião em que seu faturamento cresceu

---

[6] G1 12.04.2010 Ex-dono da Encol é preso em Goiânia. Disponível em: http://g1.globo.com/Noticias/ Economia_Negocios/0,,MUL1566828-9356,00.html e

http://www.migalhas.com.br/Quentes/17,MI105371,31047-Exdono+da+Encol+fica+preso+em+Goia nia+menos+de+24+horas — Acesso em: 14/10/2017.

Terra, 31/01/2006, Ex-diretores do BB no governo FHC são condenados:

"O juiz substituto Cloves Barbosa de Siqueira, da 12ª Vara Federal de Brasília, condenou a sete anos e meio de prisão sete ex-diretores do Banco do Brasil que atuaram no governo Fernando Henrique Cardoso. No processo, eles são acusados de envolvimento com crime de gestão temerária ao conceder empréstimos à construtora Encol em 1994 e 1995. A decisão condenou o ex-presidente do BB Paulo Cesar Ximenes e os ex-diretores Edson Soares Ferreira, João Batista de Camargo, Ricardo Sérgio de Oliveira, Hugo Dantas Pereira, Ricardo Alves da Conceição e Carlos Gilberto Caetano. As penas deverão ser cumpridas no regime semiaberto. A sentença é datada do dia 5 de dezembro. Os réus ainda teriam direito de contestar a decisão no Tribunal Regional Federal (TRF), caso não tenham perdido o prazo de recurso."

mais de cinco vezes, saltando da casa do equivalente em reais a US$150 milhões para próximo de US$800 milhões.

Em 1992, período em que o mercado imobiliário sofria forte retração, a Encol retomou sua iniciativa de crescimento desordenado, criando uma pressão baixista no mercado, forçando uma redução de até 40% nos preços. Nessa ocasião, seus problemas financeiros se agravaram e começaram a vazar para o mercado, que apontava que a construtora estava "pedalando para não cair", prática considerada irregular; no momento em que parasse de pedalar, ficaria insolvente.

Assim, introduziu uma política denominada de "captação", prática exclusiva do setor financeiro, com a grande diferença que seus prazos e taxas de juros estavam descasados, além do fato de ser uma incorporadora/construtora e não um banco, não tendo conhecimento nem autorização para atuar no ramo. Premiava os executivos de suas cinquenta e três regionais espalhadas por todo o Brasil pelo volume de recursos "captados" dos clientes nos novos lançamentos, logrando registrar cerca de US$1,2 bilhão (equivalente em reais) de faturamento em 1994, momento em que a fatiga financeira resultante do fato de não conseguir continuar com seu esquema de pedaladas a levou a ruir de vez.

Com seu sistema de pedaladas, também chamado de Pirâmide da Albânia, a Encol tinha que fazer novos lançamentos a qualquer custo para levantar os recursos necessários para execução das unidades vendidas no passado, o que a fez acelerar com velocidade máxima em direção a seu fim. Transformou-se em uma gigantesca bomba relógio. A explosão era mera questão de tempo.

Em 1994, com o agravamento certo de sua insuficiência de recursos e a crescente reclamação de clientes com os atrasos e a qualidade das obras, a Encol começou a adotar outros artifícios, como o de manipular o ritmo das obras, procedimentos que agravaram ainda mais sua situação. Introduziu o plano denominado "administração inteligente", que tinha como objetivo atender ilusoriamente às expectativas de seus clientes, aplicando seus cada vez mais parcos recursos nos itens que aparentassem que a obra estivesse mais adiantada. Era um presságio de que a empresa estava às vésperas do naufrágio.[7]

---

[7] Veja — 25/02/2003 — As provas do crime — Relatório da Kroll. Disponível em:

http://origin.veja.abril.com.br/260203/p_076.html e

http://notes.abcp.org.br:8080/producao/clipp/clipp.nsf/59dac160bc7df2ba03256aef00407549/e605b7ec4ebea07603256cd800513f0f?OpenDocument — Acesso em: 14/10/2017.

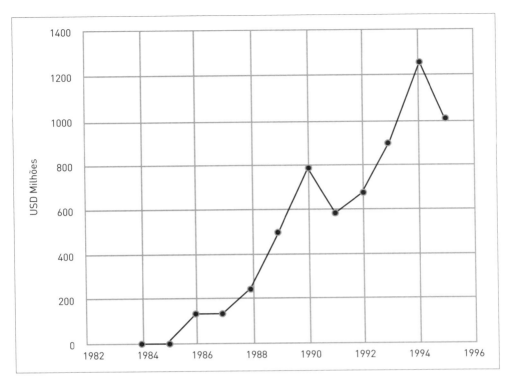

Figura 25: Evolução do Faturamento Encol

Nos dois anos seguintes (1995–1996), a crise tomou uma dimensão insustentável, ocupando as manchetes dos principais veículos de comunicação, situação que selou em definitivo o destino da empresa. A Encol tentou ainda diferentes iniciativas: (i) primeiro contratou o Banco Pactual para conduzir sua reestruturação composta de renegociação da dívida, abertura de capital ou emissão de títulos de longo prazo; (ii) em seguida o Banco do Brasil, seu maior credor, assumiu a liderança da reestruturação, realizando intervenção branca na empresa em outubro de 1996.

Por último, (iii) formou-se um *pool* de trinta e oito bancos credores que, em maio de 1997, pela maioria de seus integrantes, aprovou um plano jurídica e financeiramente sólido e bem concebido, e um acordo foi celebrado com a Encol no montante do equivalente em reais a US$1,5 bilhão para financiar a conclusão dos setecentos e dez edifícios em sessenta e cinco cidades do país. Esse plano estabelecia o financiamento direto aos clientes da Encol com prazo de até quinze anos e juros anuais de 12%.

Concomitantemente, os principais credores caucionaram as ações do controlador da Encol para assegurar o sucesso da implementação do plano de conclusão das obras. O plano previa ainda que nenhum recurso passaria pela Encol, que atuaria como mera empreiteira. O plano incluiu ainda a renegociação da dívida bancária da empresa equivalente em reais a US$550 milhões.

A Encol dava garantia ao cliente de que a obra seria entregue, uma vez que teria a fiscalização dos bancos e dos clientes. Os clientes não mais teriam o risco Encol; os bancos garantiam a execução do plano. O plano foi aprovado em um primeiro momento, porém os riscos judiciais e o resultado de auditoria especial feita pela Deloitte a meu pedido, que apontou inúmeras fraudes, além de ajuste no patrimônio líquido de R$500 milhões positivos para R$500 milhões negativos, levaram os bancos a desistirem do plano em agosto de 1997.

Em análise detalhada e objetiva desse caso, o que ficou mais cristalino foi a grande quantidade de erros e omissões cometidas durante os sete anos de pré-concordata (1997) e durante os mais de dez anos posteriores e ela, principalmente por aqueles responsáveis por análise de risco (bancos credores), além de outros poderes constituídos, que guindaram o caso Encol ao posto de maior descalabro empresarial de que se tinha registro na história brasileira até aquela data. Comentei na época em diferentes oportunidades que "Em toda a minha vida profissional, nunca vi nada parecido. Há indícios de fraudes muito graves, principalmente nas operações de caixa dois".

Aspectos mais importantes:

(i)   A Encol promoveu um crescimento desordenado e não sustentável. Cresceu mais que o mercado, gerando uma pressão baixista nos preços.

(ii) Tinha uma forma de gestão precária com baixa qualidade das informações; sem coordenação, planejamento e controles adequados. A administração de suas cinquenta e três regionais era feita de forma descentralizada. Seus superintendentes tinham total autonomia para gerir a regional, inclusive, mas não limitado a contrair dívidas, fazer aplicações financeiras, assinar escrituras e efetuar pagamentos, com o devido amparo estatutário que exigia apenas uma assinatura.

(iii) Utilizava o nome "diger" para designar o caixa 2, que alcançou mais de R$1 bilhão — o percentual e o montante desviados pela Encol talvez sejam inéditos na história empresarial do Brasil. Com esse movimento de caixa 2, houve sonegação fiscal e distribuição disfarçada de lucros. A Deloitte constatou um rombo de R$380 milhões no balanço oficial de 1996. A moeda era apartamento fantasma. Os executivos ganhavam oficialmente um salário baixo para o padrão do mercado, entre cinco e oito mil reais, e recebiam pelo caixa 2 na forma de apartamentos.

(iv) A Encol tinha uma empresa na Inglaterra e outra no Uruguai, além de outras três sediadas no paraíso fiscal das Ilhas Virgens. Pelo menos uma delas, a Wheycal Trading Corp., tinha conta bancária na Suíça.

(v) Tentou desempenhar papel de instituição financeira, implantando projeto de "captação de recursos" junto às regionais. Suas regionais eram premiadas em função de seu volume de "captação". Situação agravada pelo grande descasamento de prazos e juros. Passou a financiar seus próprios empreendimentos em quinze anos com taxas de TR mais 12% ao ano para entrega das chaves em dois anos. A parcela de poupança que recebia dos clientes em dois anos não cobria o custo das obras. O deficit era coberto em parte por mais lançamentos nas operações de "captação", e o restante com endividamento bancário a juros de mercado extremamente onerosos e de curto prazo.

(vi) Introdução de plano de permutas com clientes e fornecedores perdendo o controle sobre os mesmos. Esse plano incluía bens que iam de automóveis a pão francês.

(vii) Miopia dos credores, mormente de seus trinta e oito bancos credores. A despeito de a empresa apresentar sinais externos de crise em 1993, e mais acentuadamente em 1994, credores concederam empréstimos adicionais sem as garantias adequadas. Em 1995, a situação tornou-se crônica. Em 1996, a empresa parou, ficando sem auditor externo, conforme demandam as normas da CVM.

(viii) Denúncias de suborno envolvendo magistrado do Poder Judiciário de Goiás — publicadas na mídia.[8]

(ix) Ineficácia dos órgãos judiciais, permitindo a polêmica transferência da sede da empresa de Brasília para Goiânia em fins de 1997, no ápice da crise e após deflagrado o escândalo; além do improcedente deferimento de concordata preventiva, onde igualmente foram constatadas irregularidades. Não houve qualquer punição dos responsáveis.

(x) Ineficácia do governo, que assistiu paralisado a tudo sem nada fazer.

(xi) O legislativo promoveu uma CPI da Encol em 1999. Foi encerrada em dezembro, concluindo que "a diretoria de seu maior credor, Banco do Brasil, deu à Encol um tratamento privilegiado, renovando créditos ilíquidos e substituindo garantias boas por podres, tentando ainda responsabilizar seus subalternos, que apenas cumpriram suas deliberações. A CPI recomendou diferentes ações ao Banco do Brasil, Banco Central, Tribunal de Contas da União, Ministério Público Federal, CVM. Ao Banco do Brasil, recomendou rever as punições aplicadas aos subalternos. Ao Ministério Público, que promovesse as ações necessárias nas esferas civis e criminais em função dos indícios de improbidade administrativa, individualizando as responsabilidades de cada diretor de seu maior credor". Em agosto de 2003, o Tribunal

---

[8] Revista Isto É, 30/06/1999 — A Mala da Encol. Disponível em: https://istoe.com.br/32318_A+MALA+DA+ENCOL/ e

Revista Isto É, 07/07/1999 — Testa de Ferro. Disponível em: https://istoe.com.br/32474_TESTA+DE+FERRO/ — Acesso em: 14/10/2017.

O juiz também terá de dar explicações à CPI do Judiciário. Na quarta-feira 30, a comissão decidiu investigar a denúncia de que ele teria recebido R$1 milhão para facilitar a vida dos donos da Encol. "Esse caso não podia ficar fora da CPI. O doutor Avenir [Passo de Oliveira] vai ter de se explicar, não pode é se esconder na sua condição de juiz e se achar acima da lei", disse o vice-presidente da comissão, senador Carlos Wilson (PSDB-PE).

Juiz [Avenir Passo de Oliveira] Agride Jornalistas da Isto É.

Senado Notícias, 25/11/1999 — Caso Encol envolve juiz de Goiânia. Disponível em: https://www12.senado.leg.br/noticias/materias/1999/11/25/caso-encol-envolve-juiz-de-goiania-em-denuncias-de-favorecimento-ilicito — Acesso em: 14/10/2017.

de Contas da União concluiu que o crédito do Banco do Brasil à Encol foi irregular, apurando um prejuízo de pelo menos R$500 milhões.

(xii) Promotoria de Goiás denuncia em outubro de 2003 manobra para devolver empresa falida aos antigos donos.

Sete anos de crise e insolvência na esfera não judicial e mais de dez anos na esfera judicial. Esta análise consubstancia o que estudos comparados demonstram: que é melhor termos tribunais bons e leis ruins a leis boas e tribunais ruins. No Brasil, ainda estamos no pior dos mundos: leis e sistema judicial ruins, ineficientes. O escândalo Encol mostrou-nos (i) mais uma situação na qual nossos tribunais foram altamente ineficazes e (ii) uma ultrapassada legislação falimentar e criminal muito aquém do necessário para criar um ambiente institucional que proporcione justiça, eficiência e segurança jurídica aos lesados.[9]

O caso Banco Santos

A Experiência

Em meados do 1º semestre de 2006, fui contatado por representantes dos maiores grupos de credores da massa falida do Banco Santos para atuar como representante do Comitê de Credores com o objetivo de realizar uma análise estratégica visando a maximização da taxa de recuperação dos cerca de R$2,8 bilhões de créditos (valor histórico, que atualizado é bastante mais elevado). Após ser eleito por quase a totalidade dos credores em Assembleia Geral de Credores realizada em 25/05/2006, dei início a meus trabalhos em junho de 2006. Missão bastante complexa, considerando a imensa quantidade de operações fraudulentas no Brasil e exterior.

O início dos trabalhos foi bastante tenso, com uma forte resistência à minha atuação por parte da administração judicial e do juiz da 2ª Vara de Falências e Recuperações Judiciais de São Paulo, intensificada a partir da emissão do relatório

---

[9] G1, 6/05/2013 — Relatório Final da Massa Falida da Encol é entregue à justiça em Goiás. Disponível em: http://g1.globo.com/goias/noticia/2013/05/relatorio-final-da-massa-falida-da-encol-e-entregue-justica-em-goias.html — Acesso em: 14/10/2017.

inicial do comitê contendo a análise estratégica, críticas e recomendações. Tudo isto culminou com a restrição de minha entrada nas instalações da massa falida imposta pelo juízo da falência, medida que me impediu de realizar o trabalho necessário em prol dos credores. Essas dificuldades foram sanadas em parte e pôde ser desenvolvido um trabalho de melhor cooperação com a administração da massa. A rejeição por parte do juízo à minha atuação, na qualidade de representante dos credores, foi contínua, jamais sendo superada.

Outro aspecto que consistiu em árdua e intrincada batalha, e bastante peculiar, foram as obstaculizações por parte do ex-dono do falido Banco Santos e a inércia do juízo que impediram que eu, o membro do comitê de credores, recebesse qualquer remuneração durante longo intervalo de tempo com o claro objetivo de me levar a renunciar à referida representação; este teria sido o caminho mais fácil para mim, porém, ciente de meu compromisso assumido junto ao universo de credores e da importância de minha atuação para com eles, decidi lutar.

Com efeito, um magistrado do Tribunal de Justiça de São Paulo chegou a dizer que a massa falida não necessitava de representante de comitê de credores, opinião que o juízo da 2ª Vara de Falências e Recuperações Judiciais de São Paulo demonstrava claramente compartilhar. É possível entender o falido estar incomodado com as ações do comitê de credores, mas o judiciário jamais. O que explica essa resistência, apesar de estar claramente definido em lei, é o fato de não existir a cultura da governança e de respeito aos credores no Brasil, como é comum, por exemplo, nos EUA. Apesar de a Lei de Recuperação e Falências claramente dispor sobre esse tema, existe grande resistência em sua aceitação por parte do judiciário, uma arbitrariedade que beneficia o falido e prejudica os credores, e que necessita ser vencida. O judiciário brasileiro, com raras exceções, possui ainda um histórico/tradição de certa leniência com empresas devedoras e empresários e políticos envolvidos em grandes crimes financeiros.

Um terceiro aspecto que me causou grande perplexidade, como representante do comitê de credores, foi o fato de o ex-dono do falido banco estar, desde sua quebra em 2005, vivendo nababescamente, despendendo uma soma estimada de R$25 milhões no Brasil nesses doze anos (uma média de cerca de R$163 mil/mês) e ainda em espécie, uma vez que foi proibido de ter conta bancária, sem que tenha sido pego em alguma operação da Polícia Federal/Ministério Público/Ministério da Fazenda/Coaf, considerando também que ninguém sabe como essa montanha de dinheiro chega às suas mãos. Existem ainda outras dezenas de milhões de reais em pagamentos a advogados etc. cujas fontes são desconhecidas.

É, porém, mais grave ainda o fato de o gigantesco aparato investigativo e de controle do Estado, incluindo os órgãos judiciais/financeiros e ENCCLA (Estratégia Nacional de Combate à Corrupção e Lavagem de Dinheiro), não conseguir desvendar, em todo esse tempo, tão simples operação de chegar a um doleiro ou a quem vem fazendo esses repasses de dezenas de milhões ao ex-dono do falido Banco Santos ilícita e ininterruptamente durante mais de 10 anos no coração da maior cidade do país, São Paulo.

Em razão disso, como representante dos credores, manifestei em juízo minha repulsa com esta tamanha desfaçatez, que faz pouco da sociedade e das autoridades monetárias, da Fazenda e da Justiça. Solicitei que o ministério público tomasse as medidas cabíveis para identificar a procedência dos milhões que vêm sendo gastos em espécie pelo ex-dono do falido Banco Santos há tantos anos, e que acionasse as autoridades da Fazenda, como Banco Central, Receita Federal e o Conselho de Controle de Atividades Financeiras (Coaf), e da Justiça, como a Polícia Federal.

Um quarto aspecto bastante estarrecedor é a grande morosidade desse processo falimentar que já chega a doze anos, sem que haja ainda horizonte para seu encerramento. Esse aspecto depõe muito contra os órgãos da falência e judiciais, principalmente considerando que o Administrador Judicial da massa falida do Banco Santos é oriundo da cúpula do Banco Central (órgão fiscalizador do falido Banco) e exímio conhecedor das operações ilícitas do Banco Santos no Brasil e exterior em detalhe, com ótimo trânsito junto ao Banco Central, Ministério da Fazenda/Coaf e outros órgãos de controle, fato esse que coloca o Administrador da massa em situação de desgaste perante os credores, que esperavam dele desempenho bem melhor. Além disso, os resultados da busca de ativos no exterior aumentaram o nível de insatisfação dos credores. Tudo isso é agravado pela escancarada impunidade que tem prevalecido com relação ao ex-dono do falido banco que tem se mantido fora do alcance da justiça.

Esse tipo de experiência mostra como a parte mais prejudicada, os credores, não conseguem exercer seu pleno direito conforme disposição legal e que o Brasil tem

116 Casos Práticos de Corrupção e Fraude

um longo caminho pela frente para melhorar a governança, *accountability*[10] e confiança de seu sistema judicial e financeiro.

O Caso

O caso Banco Santos é um dos maiores fracassos e escândalos do sistema financeiro nacional. Sua história teve início como uma corretora de câmbio e valores mobiliários em 1969, passando vinte anos após a operar como banco múltiplo (1989) e, no final de 1993 (20 de dezembro), foi autorizado pelo Banco Central a operar com carteira comercial.

Em espaço de tempo recorde de cerca de meros seis a sete anos, o Banco Santos passou a enfrentar problemas de liquidez, com sua fiscalização sendo intensificada pelo Banco Central (2001) — o Supervisor de Fiscalização do Banco Central informou que desde 1999 existiam fatos no Banco Santos que mereceram acompanhamento do BACEN.

Em seguida, o Banco Santos teve sua intervenção pelo Banco Central iniciada em novembro de 2004, com a falência decretada em setembro de 2005, causando um estrago fenomenal e um rombo de R\$2,8 bilhões (valores da época). A quantidade de crimes financeiros perpetrados nesse curto espaço de tempo é assustadora.

Merece destaque o fato de o "Escândalo Banco Santos" consistir de um tenebroso crime, cuja gravidade atinge sobremaneira o Interesse Público. Não é uma falência qualquer. Levantamentos efetuados pela Administração Judicial da massa, relatórios da Comissão de Inquérito do Banco Central, Justiça Federal e Ministério Público, mostraram que o ora falido Banco Santos valeu-se de um ardiloso, complexo e intricado esquema envolvendo um sem número de operações comprovadamente fraudulentas. Tudo oriundo da exacerbada ganância e cobiça do bem alheio, violando de forma venal a mais sagrada das leis da Natureza.

Em mais de uma centena de volumes que constam dos autos da falência e da justiça criminal, há diversos fatos documentados: desvio de vultosas somas de recursos, crimes financeiros, cooptação de terceiros, operações ilícitas, uma grande quantida-

---

[10] *Accountability* — reconhecimento, assunção e obrigação de aceitar a responsabilidade por suas ações, decisões e políticas, principalmente por Representantes dos Poderes Constituídos e Órgãos Públicos, ou seja, a responsabilização e a prestação de contas dos representantes.

de de empresas e instituições financeiras de fachada no Brasil e exterior, "laranjas", uma ampla rede de complexas transações fictícias, entre outras.

Os procedimentos ilícitos de Edemar Cid Ferreira e de seus ex-administradores, objeto de denúncia pelo Ministério Público Federal, tiveram seu enquadramento na Lei 7.492 de crimes contra o sistema financeiro e na Lei 9.613 de lavagem de dinheiro, com a condenação do ex-banqueiro a vinte e um anos de reclusão[11] — como esperado, o processo ficou engavetado no TRF e por derradeiro anulado em maio de 2015[12]. A esposa de Edemar Cid Ferreira, Márcia Cid Ferreira, teve condenação confirmada pela Justiça em março de 2013 a cinco anos e quatro meses de reclusão em processo por lavagem de dinheiro do Banco Santos através de empresas controladas sediadas em paraísos financeiros.[13]

A falência do Banco Santos foi estendida às empresas Atalanta Participações e Propriedades, Cid Collection Empreendimentos Artísticos Ltda., Hyles Participações e Empreendimentos Ltda., Maremar Empreendimentos e Participações Ltda. e Finsec S.A. Companhia Securitizadora de Créditos Financeiros.

Entre a extensa gama de operações ilícitas, estavam operações casadas praticadas em grande escala, as quais Edemar Cid Ferreira batizou com o nome de "reciprocidade", consistindo, por exemplo, da oferta pelo Banco de um empréstimo de R$1 milhão, exigindo a reciprocidade de aplicação em debentures de empresas direta ou indiretamente controladas pelo ex-banqueiro (Sanvest e Santospar) de 50% a 100% do empréstimo. Esses nomes, Sanvest e Santospar, sempre passaram aos clientes a existência de ligação direta com o Banco Santos, entendimento este sedimentado pelos gerentes e diretores do banco. Além destas empresas, outras foram utilizadas por Edemar Cid Ferreira na montagem desse esquema Ponzi de "reciprocidade", controladas na famosa "Planilha M". A saber: no Brasil, Delta, Ômega, Quality, Agribusiness, Pillar, PDR, e as offshores, Bank of Europe, Alsace Lorraine, Gainex, Zertond etc. Além de Procid Participações, Procid Invest e Invest Santos.

---

[11] Disponível em: https://exame.abril.com.br/negocios/span-justica-federal-abre-processo-criminal-contra-d-span-span-ono-do-banco-santos-span-m0061754/ — Acesso em: 14/10/2017.

[12] Disponível em: https://exame.abril.com.br/brasil/anulada-sentenca-de-prisao-de-ex-controlador-do-banco-santos/ — Acesso em: 14/10/2017.

[13] Disponível em: https://economia.uol.com.br/noticias/redacao/2013/03/18/mulher-de-banqueiro-tem-condenacao-confirmada-por-lavagem-de-dinheiro.htm#fotoNav=31 — Acesso em: 14/10/2017.

Em inúmeros casos, houve inclusive cooptação de diferentes empresas na consecução dos crimes financeiros perpetrados pelo falido. A título de exemplo, podemos citar dois casos de interesse geral; um envolvendo as Cédulas de Produto Rural que totalizaram R$460 milhões, e outro o desvio de R$206 milhões efetuado em 2004 pelo Banco Santos por meio do Banco Cruzeiro do Sul, na ocasião em que o BACEN fechava o cerco sobre as ilicitudes do falido e nas vésperas da intervenção. Há também os casos da operação de Eurobônus e o da possível questão de responsabilidade envolvendo os auditores do banco antes da intervenção, temas que o juízo se manifestou como sendo encargo dos credores buscarem diretamente a tutela jurisdicional para eventual ressarcimento de perdas.

Os prejuízos causados são incomensuráveis, considerando ainda as despesas com a administração da massa falida, imputando perdas a milhões de pessoas, cujos principais credores são fundos de pensão, em um processo falimentar que já chega a 12 anos, o dobro do tempo da própria existência do banco, com o agravante que não houve qualquer punição dos responsáveis.[14]

Em todos esses anos desde a quebra do Banco Santos, seu ex-dono utiliza a mídia para fazer falsas propagandas de que receberá uma grande quantia ao final da falência, quando na verdade a massa falida nunca conseguirá cobrir o multibilionário rombo causado por ele. Em recente avaliação da carteira de crédito, no cenário mais otimista possível, a sua alienação foi estimada em R$277 milhões contra um passivo atualizado de mais de R$3 bilhões.

É desejo da coletividade de credores que todos os ativos, incluindo desvios de vultosas somas para o exterior, obras de arte, objetos móveis e imóveis sejam rastreados, bloqueados e arrecadados pela massa no Brasil e exterior. Esse rastreamento de ativos no exterior tem sido fruto de grande insatisfação e frustração por parte dos credores.

O universo de credores deseja que esses ativos sejam arrestados e alienados no menor espaço de tempo possível, com os respectivos recursos financeiros distribuídos entre os credores lesados pelo ex-banqueiro, muitos dos quais administradores

---

[14] TRF anula condenação de 21 anos de ex-controlador do Banco Santos, 26/05/2015. Disponível em: https://jornalggn.com.br/noticia/trf-anula-condenacao-de-21-anos-de-ex-controlador-do-banco-santos — Acesso em: 14/10/2017.

de poupança previdenciária de milhões de brasileiros — trabalhadores, aposentados, desempregados, não empregados e socialmente excluídos.

O caso Banco Santos logrou distribuir entre os credores a soma de R$954 milhões até fevereiro de 2011 — com a recuperação de ativos e respectivo rateio alcançando 30% do valor histórico dos créditos — em valores atualizados, estima-se que esse percentual seja bastante menor.[15]

Tudo isso mostra cabalmente a gravidade da ineficácia de nosso judiciário e do Banco Central. Nos doze anos que sucederam a intervenção/falência do Banco Santos em 2004/2005, apesar de óbvio, não pode passar despercebido que todos ficaram mais velhos, mais pobres e sem o seu dinheiro. Milhares de pessoas, muitas delas já falecidas, idosas, aposentadas e desempregadas e outras tantas que contribuíram para grandes Fundos de Pensão, receberam apenas uma mínima parcela de seus créditos/poupança que possuíam junto ao falido Banco. Sem embargo, o então presidente do Senado Nacional, José Sarney (PMDB-AP), que mantinha boa relação com Edemar Cid Ferreira, logrou sacar seu dinheiro do Banco Santos na véspera da intervenção pelo Banco Central, sorrateiramente e sem nenhuma consequência legal.

A cruel verdade é que no final das contas os credores jamais verão a maior parte de seus créditos em valores atuais. Os credores e a sociedade brasileira aguardam desde 2005, sem muita esperança, que a justiça seja feita dentro do mais amplo espírito e rigor da lei nas esferas cível e criminal.

* * *

---

[15] No início de 2013 e 2017 foram realizados mais dois rateios de 8,65% e 9,5%, respectivamente.

Disponível em: http://www1.folha.uol.com.br/fsp/dinheiro/fi2011200415.htm — Acesso em: 14/10/2017.

Massa Falida
Banco Santos

Relatório Inicial do Comitê de credores

Análise Estratégica

São Paulo, 6 de julho de 2006

Sinopse

Realizamos detalhada análise do período que antecedeu a intervenção e liquidação extrajudicial e decretação da falência do Banco Santos, assim como aquele que sucedeu os respectivos atos, com o intuito de obter um diagnóstico global da situação atual da massa, das atividades do Administrador Judicial, das perspectivas recuperatórias de ativos financeiros e não financeiros no Brasil e exterior, das medidas de ressarcimento por danos e perdas e das ações de responsabilização. A partir desse diagnóstico, recomendamos as iniciativas a serem tomadas pela administração da massa no interesse dos credores.

É fato inconteste que a degeneração econômico-financeira do Banco Santos teve início em meados de 2001, com o advento de sua primeira crise de liquidez e o incidente envolvendo a venda da E-Financial entre partes relacionadas com ágio anormal para cobertura de prejuízo no Banco Santos, quadro este agravado sobremaneira, tornando-se patente, a partir do final de 2003, com a aceleração das operações de derivativos, reciprocidade, transferências de recursos entre empresas direta ou indiretamente ligadas, entre outras, atingindo seu apogeu no primeiro trimestre de 2004, conforme consubstanciado pelo Termo de Comparecimento BACEN 2004/00007, que culminou em sua segunda crise de liquidez em meados de 2004.

Analisamos os trabalhos realizados pelo Administrador Judicial e sua equipe a partir da decretação da falência, acompanhando-os proximamente desde nossa nomeação, mais precisamente a partir de 5 de junho de 2006.

Nossos contatos concentraram-se nas pessoas do Administrador Judicial, Sr. Vânio Aguiar, e de seu principal assessor, Flávio Fernandes. Entrevistamos também outros assessores, entre os quais, a Sra. Helaine e os Srs. Tarcílio, Pedro, Vanderlei e outros. A equipe de comando, em sua maior parte constituída de profissionais aposentados do BACEN com experiência anterior em processos de intervenção e liquidação extrajudicial perpetrados pelo BACEN, causou-nos boa impressão e parecia tecnicamente preparada. Manifestou preocupação com a eficácia dos trabalhos, relação custo x benefício e com a segura custódia do histórico, documentação e banco de dados.

Vem patrocinando diferentes iniciativas de redução de custos da massa com a cautela e segurança necessárias. Entre nossas recomendações, estão: a revisão dos custos com plano de saúde; a revisão do contrato com a empresa CODEP; uma análise do conflito envolvendo escritório de advogados que atua no Banco Santos desde 1996 e que firmara contrato de "blindagem" jurídica de seus ex-administradores; uma análise individualizada dos resultados econômico-financeiros de cada processo judicial, entre outras.

Nossa análise com relação à eficácia da administração da massa levou-nos a concluir que não se produziram os resultados esperados em determinados aspectos, alguns de altíssima relevância, além de alguns equívocos, dentre os quais citamos:

(i) Inexistência de um planejamento estratégico e operacional contendo as medidas emergenciais, prioridades, metas, objetivos, valores e respectivos cronogramas físico-econômico-financeiros, item de vital importância;

(ii) Não realização de medida de altíssima prioridade consistente da contratação dos serviços especializados de rastreamento, congelamento, medidas judiciais, cobrança e recebimento dos ativos desviados da massa, localizados tanto no Brasil quanto no exterior;

(iii) Não realização de análise das possíveis responsabilidades e negligências envolvendo os participantes da operação de USD100 milhões de Euronotes realizadas de final de março de 2004 até as vésperas da intervenção do BACEN;

(iv) Não realização em maior escala de plano de realização de ativos financeiros e não financeiros no Brasil;

(v) Não realização de possíveis responsabilidades envolvendo os auditores independentes, conforme citado pela Comissão de Inquérito do BACEN em razão da não existência de quaisquer ressalvas nos Balanços do Banco Santos de 2001 a junho de 2004;

(vi) Demasiado atraso (7,5 meses) na emissão do Relatório do Administrador Judicial na forma do disposto nos artigos 22 e 186 da Lei 11.101/05;

(vii) Demora na convocação e realização da 1ª Assembleia de Credores (20/05/2006), oito meses após a decretação da falência.

O relatório apresentado na referida Assembleia de Credores aponta para uma moeda de recuperação da falência de 12,7%, equivalente a R$351 milhões de um ativo total de R$3,4 bilhões na data base de 31/12/2005 (além de ativos externos como imóveis Atalanta/mansão e obras de arte no valor de R$160 e R$30 milhões, respectivamente) e uma provisão para perdas de R$2,9 bilhões. **<u>Reporta um total de R$2,7 bilhões devido a credores</u>**.

A análise realizada nos levou a entender que a Moeda de Recuperação consolidada da falência pode atingir níveis bem superiores aos apresentados na 1ª Assembleia de Credores, com destaque para:

- Ativos de rastreamento
- Euronotes — responsabilidade/negligência
- Ativos financeiros contabilizados
- Ativos financeiros e não financeiros extracontábeis
- Ressarcimentos derivados de imputação de responsabilidades
- Recuperação de ativos envolvendo ações de cooptação
- Gestão eficaz dos processos judiciais em andamento

Entendemos que o juízo é o fulcro que determinará o atendimento aos direitos dos credores, coibindo toda tentativa de retardamento do processo que vise alijar os credores de seus direitos, transformando os ativos e direitos da massa em pó.

Corroborando com nossa análise está o fato de, em apenas 19 meses (nos 10,4 e 8,6 primeiros meses de 2004 e 2005, respectivamente), haver ocorrido perdas da ordem de R$1 bilhão — irrecuperáveis aos credores em razão de sua natureza. Retroagindo a 2001, as gigantescas perdas avolumam-se de forma incalculável.

A administração da massa falida do Banco Santos não pode permitir que os ativos remanescentes existentes sejam exauridos. Deve igual e diligentemente assegurar que seja envidado todo o esforço para, no menor tempo possível, ter os direitos dos credores respeitados para, com o forte apoio e iniciativas do juízo, recuperar os ativos da massa e ressarci-la pelas perdas causadas por cooptação, negligência, imperícia ou omissão de terceiros, por meio de medidas de imputação de responsabilidade.

Jorge Queiroz
Comitê de Credores

I — Das considerações iniciais

Diante da situação emergencial, riscos de maior deterioração dos ativos financeiros da massa, períodos de suspeição e detecção das práticas irregulares, fraudes e desvio de recursos e prazo decorrido desde a intervenção do BACEN em 12/11/2004, e princípios dispostos na Lei 11.101/05, entre os quais o da celeridade, demos início imediato aos trabalhos de análise estratégica da massa, **destacando que estão rigorosamente amparados em documentos a que tivemos acesso**.

Considerando o precioso tempo e sua premência, o presente estágio dos trabalhos ateve-se ao princípio da objetividade e diligência, tendo em seu âmago uma natureza estritamente técnica e estratégica, ou seja, analisar o conjunto de fatores que desse sustentação às nossas conclusões e recomendações. Não se buscou tecer juízos de valor; sem embargo, visou atender fielmente nossas atribuições legais e defender os direitos dos credores.

Realizamos exaustiva revisão documental, fazendo uso de informações já existentes, tais como, mas não limitadas àquelas infrarrelacionadas, juntamente com a análise das possíveis alternativas recuperatórias e de ressarcimento por eventuais atos de imperícia ou má-fé, com foco principal no que segue:

a)   Revisão dos diversos relatórios existentes emitidos pelo BACEN; Relatório da Intervenção do BACEN e seus anexos; Relatório da Comissão de Inquérito do BACEN; Volumes relativos ao processo de Liquidação Extrajudicial; Demonstrativos de Resultados a partir de 2000 devidamente auditados pelas empresas Ernst & Young (2001 a 2003) e Trevisan (06/2004) e eventuais ressalvas; Resultados contabilizados em 2004 até a data da intervenção em 12 de novembro; Demonstração de Resultados da Liquidação Extrajudicial até a data da decretação da Falência (20/09/2005); Relatórios de Empresas de Rating; Relatórios do Administrador Judicial — prestação de contas e outros; Produtos e Operações Financeiras do Banco Santos e empresas relacionadas — tanto as regulares quanto as que padeçam de algum problema ou vício; Documentação correspondente à Emissão de Títulos e Euronotes e respectivos agentes emissores e pagadores, auditores, advogados e agência de *rating* contratados; Processos Judiciais — polos passivo e ativo — Ações de Responsabilidade Civil e Criminal e as informações constantes dos autos da falência; Contratos; Reorganizações Societárias; Compra e Venda de Empresas; Alterações na Administração; Governança Corporativa; Empresas Offshore; Entrevistas com funcionários da "massa"; Análise de Depoimentos Judiciais e junto ao BACEN; entre outros;

b) Quadro Geral de Credores;

c) Situação dos Ativos Financeiros e Não Financeiros da massa;

d) Estratégia de Recuperação dos Ativos Financeiros e Não Financeiros da massa;

e) Situação dos Ativos possivelmente desviados da massa;

f) Análise de perdas e danos causados por omissões, atos de imperícia e outros; crimes de responsabilidade;

g) Análise de Rastreabilidade;

h) Crimes Falimentares;

i) Análise das Receitas e Despesas da massa;

j) Acompanhamento das Atividades do Administrador Judicial.

II — Da cronologia dos principais fatos

1969 Cid Ferreira Corretora de Câmbio e Valores Mobiliários S.A.

1989 Banco Santos — alteração da denominação social/autorização para operar como banco múltiplo

20/12/1993 Autorização do BACEN para operar com carteira comercial

31/07/2001 Termo de Comparecimento BACEN 2001/0019

Provisionamento na demonstração de resultados auditada relativa a junho de 2001 do valor a receber de R$51 milhões pelo Banco Santos de sua controladora Procid Participações e Negócios S.A. relativo à venda da E-Financial controladora como "Risco H", determinado pelo BACEN como Ajuste Regulamentar, não foi cumprido pelo Banco Santos. Fomos informados pelo Administrador Judicial que tal iniciativa do Banco Santos deveu-se ao fato de a Procid haver decidido quitar a referida dívida junto ao Banco Santos — de forma questionável, como veremos adiante.

2001/2002 Intensificação da fiscalização do BACEN — em depoimento do Sr. Elói Paes de Araújo na 6ª vara Criminal Federal Especializada em Crimes Contra o Sistema Financeiro Nacional e em Lavagem de Valores, realizado em 19/04/2006, que exerceu a função de Supervisor de Fiscalização do BACEN responsável pelo Banco Santos por aproximadamente dois anos a partir de final de 2001 (data provável) até fevereiro de 2004, informou que desde 1999 existiam fatos no Banco Santos que mereceram acompanhamento do BACEN.

Relatou também que a determinação do BACEN de que antes de sua publicação os Balanços do Banco Santos fossem submetidos ao crivo daquela autarquia foi causada pelo artifício utilizado na operação da E-FINANCIAL.

2003 Foram feitas 28 alterações na gestão do Banco Santos a partir de 2001 até a data da intervenção. Sendo 3 em 2001, 4 em 2002, 11 em 2003 e 10 em 2004. O auge da rotatividade deu-se em 3 meses (entre setembro e novembro de 2003), com 9 alterações na administração.

10/09/2003 — Aumento expressivo de mudanças na cúpula do Banco Santos (17 membros)

13/10/2003 — 28 membros

14/10/2003 — 21 membros

05/11/2003 — 18 membros

05/03/2004 — 16 membros

11/06/2004 — 15 membros — **Edemar Cid Ferreira renuncia ao cargo de Diretor Presidente** (renunciam também 3 outros diretores importantes — Diretor Superintendente/Mário Martinelli; Álvaro Zucheli Cabral e Ary Cordeiro).

04/2004 Fiscalização do BACEN no Banco Santos detectou que CNPJs dos devedores de oito registros em janeiro/2004 e de quinze registros em fevereiro/2004 foram informados incorretamente pelo Banco Santos para o Sistema de Informações de Crédito do Banco Central — SCR. Aponta outras irregularidades, como operações de renda fixa travestidas de operações de opções flexíveis e transferências para empresas relacionadas.

Fiscalização do BACEN concluiu que fatos apurados caracterizavam forte indício de que as cinco empresas analisadas (Creditar, Delta, Quality, Ômega, Santospar) pertenciam ao conglomerado Santos.

Todas haviam sido constituídas há menos de quatro anos daquela data — 05/2000; 12/2001; 11/2000; 01/2003 e 01/2002, respectivamente. Todas possuíam endereço no mesmo prédio em Barueri. Todas, sendo a Delta quase exclusivamente (apenas uma exceção, que consistia de uma operação de US$10 milhões de export note junto ao Banco Schain), possuíam operações de crédito exclusivamente com o Banco Santos. Todas possuíam PL inferiores a R$9 milhões (exceto a Creditar) e o PL de todas representava de 0,7% a 3,7% do Ativo Total. Essas empresas apareciam no sistema Banco Santos como Empresas Ligadas.

A Fiscalização do BACEN propôs então análise de abertura de Processo Administrativo Punitivo contra o Banco Santos e seus administradores e comunicação ao Ministério Público Federal dos indícios apurados. Não identificamos a referida comunicação ao Ministério Público nem a abertura de processo administrativo.

23/03/2004 **Emissão de US$100 milhões** de Euronotes — Offering Memorandum;

22/04/2004
e
23/04/2004 O Banco Santos admitiu seu erro e substituiu as informações na Central de Risco de Crédito do BACEN relativas às operações de crédito concedidas às chamadas "ilhas gregas", que foram informadas ao BACEN utilizando CNPJs de outras empresas.

03/05/2004 BACEN comunica ao Banco Santos que os esclarecimentos solicitados em 23/04/2005 divergem daqueles constantes na Central de Risco, advertindo que a prestação de informações inexatas e/ou intempestivas ao BACEN poderá sujeitar o conglomerado e seus administradores às cominações legais previstas.

13/05/2004 **TERMO DE COMPARECIMENTO BACEN**
2004/0007 data-base 31/03/2004

Os administradores do Banco Santos e seus auditores independentes foram cientificados e alertados sobre os fatos apurados nos trabalhos de inspeção realizados na instituição, data-base 31/03/2004:

⇨ Grave comprometimento da situação econômico-financeira do conglomerado financeiro Santos evidenciado por ajustes da Fiscalização do BACEN, com consequente descumprimento do padrão de Patrimônio Líquido (Resoluções 2.099/2.607/2.815/2.837);

⇨ O Patrimônio de Referência (PR) regulamentar monta a R$571 milhões em 31/03/2004;

⇨ Realizando os ajustes regulamentares, o Patrimônio de Referência Ajustado sofre uma brutal queda, passando a R$4,4 milhões;

⇨ O Patrimônio Líquido Mínimo Exigido (PLME) estipulado pelas resoluções do BACEN alcança R$83 milhões;

⇨ Ficou evidenciada uma deficiência patrimonial de R$79 milhões com relação ao mínimo exigido;

⇨ O Patrimônio Líquido Exigido (PLE), apurado na forma das resoluções vigentes, de R$468 milhões, evidenciou uma deficiência de R$463 milhões de compatibilização com o grau de risco da estrutura de seus ativos/passivos e contas de compensação;

⇨ Ajustes de crédito/insuficiência de provisão — Amostragem realizada em 21% (R$566 milhões) da carteira ativa (99% do PR) denotou alta concentração de risco em poucos clientes, entre os quais "ilhas gregas", com R$283 milhões de créditos insubsistentes;

⇨ A fragilidade econômico-financeira ficou, ainda, evidenciada pela quantificação dos resultados auferidos de operações não usuais nos exercícios de 2001 a 2003, que totalizaram R$201 milhões de LL. Desconsiderando essas operações atípicas, como vendas de participações societárias, operações com derivativos no exterior, cessões de créditos ilíquidos e receitas decorrentes de marcação a mercado de opções flexíveis que contribuíram com R$308 milhões para a formação desses lucros, o Banco Santos teria apresentado resultados significativamente reduzidos, inclusive prejuízos em alguns semestres;

⇨ Os representantes legais do conglomerado e seu controlador foram notificados a apresentar ao BACEN, no prazo de 30 dias, um plano de regularização e de contingência contendo as estratégias de administração de situações de crise de liquidez, com vistas a reversão da situação, juntamente com respectivo cronograma de execução;

⇨ Foram alertados que o descumprimento às determinações do BACEN sujeita as instituições à Liquidação Extrajudicial (Lei 6.024/art.15).

30/06/2004 Para atender às determinações constantes do Termo de Comparecimento 2004/0007, que demandaria necessidade de nova capitalização do Banco por parte do controlador, o Banco Santos, em aparente forma tergiversa de contornar as exigências do BACEN, montou uma operação não ortodoxa visando o equacionamento das normativas regulamentares.

A operação consistiu na permuta (Contrato de Permuta de Ações e Créditos de 30/06/2004 — Instrumento Particular de Outorga de Opção de Venda de Ações e Outras Avenças de 30/06/2004 — 180 dias) dos créditos concedidos às 4 empresas que compunham as chamadas "ilhas gregas" no montante de R$277,7 milhões, créditos estes considerados insubsistentes pelo BACEN, pelas ações da empresa VALE TRADING S.A., que detinha direitos de crédito-prêmio de IPI no valor de R$326,7 milhões contabilizados (em 2003) como saldos de impostos a compensar.

Foi solicitado parecer jurídico do escritório CARVALHOSA E EIZIRIK quanto ao direito ao Crédito-Prêmio do IPI, emitido em 12/07/2004.

Participaram dos trabalhos de *due diligence*: Escritório MATTOS FILHO ADVOGADOS (legal — Relatório Preliminar concluído em 13/10/2004); PRICEWATERHOUSECOOPERS (contábil-fiscal) e **DELOITTE** (cálculo do valor do Crédito-Prêmio do IPI da VALE TRADING em 30/06/2004 — apresentado em 18/07/2004). Os cálculos da Deloitte apontaram um novo valor de R$536 milhões.

Conforme análise do BACEN, os referidos créditos tributários não poderiam ser contabilizados como ativos no Banco em 30/06/2004, o que foi ignorado.

Em suma, os empréstimos efetuados de forma irregular para a Quality, Delta, Ômega e Creditar nunca foram recuperados pelo Banco Santos que, pressionado pelo BACEN, apenas substituiu esses créditos por outro ativo insubsistente, ou seja, os créditos-prêmio de IPI da VALE TRADING.

Os créditos fiscais em questão já se encontravam sob investigação da Polícia Federal. A operação resultou no indiciamento de ECF na chamada operação Tango. Um dos proprietários originais da VALE TRADING havia sido condenado à prisão por crimes contra a ordem tributária e contra o sistema financeiro nacional.

11/2004 Dow Jones — Sarney admite ter efetuado saque no Banco Santos antes da Intervenção do BACEN

12/11/2004 Início da Intervenção do BACEN

11/02/2005 Emissão do Relatório Interventor do BACEN

24/11/2004 Início da Comissão de Inquérito do BACEN

27/07/2005 Término da Comissão de Inquérito do BACEN

04/05/2005 Decretação do Regime de Liquidação do BACEN

JUN/2005 Pedido de Autofalência

20/09/2005 Decretação da Falência

25/05/2006 1ª Assembleia de Credores/9 meses após a Decretação da Falência

06/06/2006 Nomeação/Início dos trabalhos do Comitê de Credores

06/07/2006 Relatório Inicial do Comitê de Credores

III — Da elasticidade do prazo

A análise e a gravidade dos fatos e informações a que tivemos acesso **nos causam a impressão de que houve** MOROSIDADE **no processo como um todo**, mormente tratando-se de uma instituição bancária que, em razão da natureza de suas atividades, é submetida a rigorosa fiscalização do Banco Central.

Observamos que, a partir de 2001, o BACEN iniciou um processo de intensificação da fiscalização do Banco Santos — em 2001, este sofreu uma crise de liquidez contabilizando uma dramática queda em seu resultado operacional (R$5 milhões/2001 versus R$60 milhões/2000); problema não equacionado e agravado em razão de iniciativas meramente protelatórias, sem efeito concreto, que serviram apenas para ganhar tempo em detrimento do melhor interesse dos credores do Banco, impingindo sérios danos e perdas a eles.

Em junho de 2001, foi realizada a venda da E-Financial entre coligadas do Banco Santos (cujo valor era de R$988 mil por R$51 milhões), auferindo um astronômico ganho (ágio) não operacional de R$50 milhões (coincidentemente, praticamente igual a seu Prejuízo Operacional), levando o BACEN a convocar os administradores e seus auditores (Ernst & Young) para esclarecimento em 31/07/2001 (Termo de Comparecimento 2001/0019).

Em 20/06/2001, o Banco Santos adquiriu de sua controlada Invest Santos as quotas da E-Financial por R$988 mil, para pagamento em 10/07/2001. Na mesma data (20/06/2001), o Banco vendeu as mesmas quotas da E-Financial para sua controladora Procid Participações e Negócios S.A. por R$51 milhões, pagáveis em 10 parcelas mensais, vencendo a primeira em 10/07/2001.

Observou-se ainda que, no primeiro semestre de 2001, o Banco Santos apresentou: (i) perdas com ativos financeiros (operações de DI futuro na BM&F), em março, da ordem de R$54 milhões (22% do Patrimônio Líquido); (ii) resultados negativos nos meses de março e abril de 2001 da ordem de R$31 milhões; (iii) resultado operacional negativo de R$47,6 milhões, acumulado até junho.

O balancete de maio de 2001 da Procid Participações e Negócios não espelhava capacidade financeira de saldar a dívida contraída com a compra da E-Financial.

Após análise dos contratos de compra e venda e laudo de avaliação e demais fatos circunfluentes, o BACEN concluiu que a operação envolvendo a E-Financial foi realizada com o único objetivo de gerar lucro contábil para o Banco Santos no mês de junho de 2001 e reverter o prejuízo até então demonstrado.

Amparado pelas normas legais vigentes, determinou que o saldo de R$51 milhões a receber pelo Banco Santos em 30/06/2001 fosse classificado como "Risco H", sendo a decorrente constituição de provisão considerada como Ajuste Regulamentar da situação patrimonial do Banco Santos.

Em razão dessa determinação, o Banco Santos estruturou internamente uma forma aparentemente questionável de quitar a referida dívida. O Administrador Judicial, em sua contestação de 14/06/2006, constante dos autos do processo

2006.61.0011528-6 movido pelo falido, em tramitação na 17ª Vara Cível de São Paulo, página 12, destaca:

"(Os requerentes)… não revelam porque a transação, mais que mascarar uma avaliação de sua empresa de tecnologia (E-Financial), teve por objetivo cobrir deficiência patrimonial provocada por prejuízos nas operações do Banco e o pagamento em dinheiro foi-lhe exigido pelo fato de a Controladora não possuir capacidade econômico-financeira para assumir um pagamento parcelado. Neste pagamento em dinheiro, recursos desviados do Banco retornaram via doação de empresa estrangeira, sediada em paraíso fiscal, de propriedade de sua esposa, Márcia da Costa Cid Ferreira. Tudo muito claro, mas ilícito."

Em sua página 13 — item 43, continua:

"A prática de simulações e fraudes fazia parte do 'modus operandi' do verdadeiro único Controlador de todas as empresas, o Sr. Edemar, tanto que, em 07/01/2004, conforme e-mail em anexo, direcionado à sua equipe, e parte do texto a seguir, tenta repetir operação idêntica três anos após:

'Favor fazer avaliações positivas da HO Publicidade e da E-Financial que estão em nome da Procid Participações para darmos lucro nela com a venda para a Procid Invest.'"

A Nota Explicativa 19 dos Auditores Independentes correspondente ao Balanço de 12/01 cita que a referida dívida foi paga em sua totalidade até a primeira quinzena de agosto de 2001. O suposto artifício utilizado não representa o equacionamento do problema identificado pelo BACEN, mas torna-o mais acentuado.

O BACEN identificou que o Banco Santos apresentou deficiência de Patrimônio Líquido Exigido nos meses de abril (índice Basileia de 10,64) e maio (índice Basileia de 10,47) de 2001 e não se exigiu o aporte dos recursos necessários para o devido enquadramento do limite previsto pela Resolução 2.099/94. <u>O BACEN destacou que o Banco deveria atentar para que não ocorressem novos desenquadramentos</u>.

O BACEN manifestou sua preocupação com a liquidez do Banco Santos desde março de 2001, quando se iniciaram as perdas com ativos financeiros. Alertou o Banco Santos sobre o risco de carregamento na carteira de títulos públicos prefixados, que em 30 de junho de 2001 somavam R$1,1 bilhão em LTNs.

Nossa impressão é de que esse episódio, combinado com as demais irregularidades já conhecidas e/ou suspeitas de recrudescimento da situação financeira do Banco, foi grave o suficiente para demandar a adoção de medidas punitivas ou até mais drásticas com relação ao Banco Santos. É importante observar que, dessa ocasião em diante, o panorama geral do Banco Santos sofreu uma deterioração acentuada contínua. **NÃO SE PODIA TOLERAR OU TRANSIGIR DIANTE DE FATOS DE TAMANHA SEVERIDADE**.

Além dessa grave ocorrência de junho de 2001, chama também à atenção um sem-número de outros fatos e iniciativas originadas no Grupo Santos que, juntamente com os já apontados, seguramente representam claros e básicos sinais de alerta para todo e qualquer agente, seja ele fiscalizador, auditor, analista financeiro, analista de investimentos, analista de riscos, empresas de *rating*:

(i) A anormal rotatividade na cúpula do Banco Santos ocorrida no último trimestre de 2003;

(ii) No segundo semestre de 2003, operações de captação com derivativos e reciprocidades foram acionadas com maior agressividade e intensidade pelo Banco;

(iii) A permanente e representativa quantidade de alterações societárias envolvendo empresas coligadas;

(iv) A impressionante quantidade reportada de pelo menos setenta e seis empresas no Brasil e exterior, apesar de o Banco Santos ser uma das únicas entidades com atividade operacional e real atividade fim do Grupo Santos;

(v) Não haver ressalvas nos balanços auditados, analisados no período (2000 a 2004);

(vi) Emissão de Euronotes realizada a partir de final de março de 2004 (código ISIN da operação — XZ0191675007), que sofre rígido processo de *due diligence* por vários agentes, no ápice do período de convulsão/derrocada e acirramento da fiscalização do BACEN, tendo como agente emissor e pagador o Banco JP Morgan; como *dealer* a Eurovest Securities; como Auditor Independente a Ernst & Young; como agência de *rating* a Moody's, e escritórios de renome, como Machado Meyer (Brasil) e Mayer, Brown, Rowe & Maw LLP (EUA);

(vii) A assustadora quantidade de irregularidades praticadas a partir de 2001, descritas em detalhe nos fartos volumes de documentos analisados.

Causa absoluta perplexidade o elástico período transcorrido, de aproximadamente 40 meses a partir de 2001, até que todo esse arcabouço de graves irregularidades viesse a conhecimento público e, sobretudo e mais preocupante, que fossem tomadas as duras medidas exigidas nesse tipo de situação pelas entidades constituídas para esse fim, tanto a nível preventivo quanto corretivo. A administração da massa falida do Banco Santos deve prontamente exercer o amplo direito de exigir as devidas reparações financeiras pelos atos e omissões de todos os responsáveis envolvidos, agindo tanto na esfera cível quanto criminal.

Além das ações já em andamento a partir da data da intervenção do BACEN em 12 de novembro de 2004, considerando já haver passado 19 meses, urge que seja peremptoriamente:

(i) Iniciado de imediato o processo de recuperação e rastreamento de ativos, no Brasil e exterior, desviados do Banco Santos — definição/aprovação de estratégia, formas e início imediato de sua execução;

(ii) Acelerado o processo envolvendo a recuperação dos ativos financeiros e não financeiros;

(iii) Tomadas todas as medidas administrativas e judiciais cabíveis relacionadas à grande quantidade de irregularidades;

(iv) Iniciada a apuração de responsabilidades com o respectivo dimensionamento e cobrança de danos e perdas;

(v) Iniciada a apuração e tomada de medidas relacionadas aos crimes falimentares e de gestão temerária;

(vi) Acelerado o processo de busca pela maior eficácia de custos — custo/benefício, custo de oportunidade;

(vii) Adotado um regime de maior objetividade, mantendo estreita comunicação com o Juízo para que este possa coibir a procrastinação e excesso de processualização, estratégia tipicamente adotada nesses casos por diferentes agentes para ganhar tempo postergando o processo indefinidamente e exaurindo os preciosos recursos financeiros da massa, prejudicando ainda mais os credores.

Nossa opinião é a de que, no presente momento, **o tempo é o maior inimigo da administração da massa** no interesse de seus credores — não dispõe de mais tempo a perder.

IV — Dos demonstrativos de resultados auditados

Analisamos as demonstrações financeiras auditadas, do Banco Santos e controladas, referentes aos períodos base: 12/2000 (PWC), 06/2001 (E&Y), 12/2001 (E&Y), 06/2002 (E&Y), 12/2002 (E&Y), 06/2003 (E&Y), 12/2003 (E&Y) e 06/2004 (Trevisan).

Apresentamos abaixo o resumo consolidado, sobre os quais teceremos alguns comentários:

Em R$ milhões

	12/99	12/00	06/01	12/01	06/02	12/02	06/03	12/03	06/04	
ROP	33	58	(49)	3	77	124	92	138	51	
NOP	1	1	50[1]	51	12	-	-	34	-	
LL	35	51	1	60[2]	56	99	45	112	47	a

[1] Ágio na Venda da E-Financial para a Procid
[2] Resultado Líquido de 2001 foi Ajustado em 12/2002 no Demonstrativo Auditado

	12/99	12/00	06/01	12/01	06/02	12/02	06/03	12/03	06/04	
ATIVOS	**2.760**	**4.630**	**5.262**	**5.865**	**4.611**	**5.534**	**6.142**	**6.279**	**6.477**	
A. CIRCUL.	**2.686**	**4.404**	**4.883**	**5.312**	**3.887**	**4.827**	**5.548**	**5.460**	**5.536**	
Aplicações	1.676	1.803	287	1.727	6	85	49	67	346	b
TVM	273	1.559	3.446	2.503	2.671	2.988	3.095	2.861	2.301	
Ct. Própria	99	76	185	202	288	268	730	357	729	
c/ recompra	142	1.460	3.203	2.162	2.130	2.287	1.889	1.772	791	c
Vinc. Negoc.	14	15	43	59	-	-	-	-	-	
Derivativos	-	-	-	-	115	211	601	444	447	d
Interfinanc.	10	7	55	9	35	36	44	55	89	
Crédito	603	857	848	906	968	1.307	1.561	1.716	1.901	
PDD	(6)	(5)	(6)[1]	(15)	(18)	(26)	(78)	(66)	(84)	e
Câmbio	40	90	130	87	94	105	635	485	689	
Diversos	60	49	91	83	117	322	231	311	286	
PDD			(1)	(1)	(1)	(14)	(27)	(19)	(49)	e
A. L/P	**39**	**195**	**347**	**515**	**677**	**651**	**531**	**761**	**594**	
Crédito	29	164	298	471	566	469	411	649	509	
PDD	(1)	(2)	(2)*	(4)	(10)	(12)	(14)	(24)	(21)	e
outros			50	48	121	197	134	137	107	
PDD			-	-	-	(4)	-	(1)	(1)	
PMTE	**35**	**32**	**32**	**38**	**46**	**55**	63	59	348[2]	

[1] Não foi constituída provisão de R$51 milhões (Risco H) conforme determinação do BACEN
[2] Variação corresponde mormente ao ágio de
R$276 milhões registrado na operação da Vale Trading

	12/99	12/00	06/01	12/01	06/02	12/02	06/03	12/03	06/04	
PASSIVOS	2.760	4.630	5.262	5.865	4.611	5.534	6.142	6.279	6.477	
P. CIRCUL.	2.546	4.227	4.643	4.803[2]	3.435[3]	4.216	4.662	4.400	4.469	
Depósitos	457	740	726	578	710[3]	795	1.004	1.120	1.399	
Captações	1.745	3.032	3.416	3.757	2.121	2.334	1.879	1.764	1.087	f
Debêntures					-		69	78	-	
Títul. Ext.							-	-	79	g
Pag. a liq					26	-	54	-	7	
Exterior	71	134	174	154	197	132	210	346	515	h
BNDES	35	112	64	113	128	580	514	535	613	i
Derivativos	-	-	-	-	115	202	316	140	263	d
Outras	227	209	224	201	137	171	614	416	506	
Câmbio	*50*	*77*	*92*	*49*	*22*	*57*	*489*	*226*	*271*	j
Diversas	*177*	*132*	*132*	*152*	*115*	*114*	*125*	*190*	*167*	
P. L/P	30	175	324	745[2]	812[3]	898	994	1.321	1.369	
Depósitos				222	202[3]	347	487	629	705	
Tit./Obr.	-	1	10	45	67	83	31	39	90	g
Exterior	-	1	4	16	3	10	10	7	8	
BNDES	24	161	293	436	504	381	372	593	469	i
Repss. Ext.	-	-	7	14	17	21	15	12	11	
Outras	6	13	10	11	19	56	79	40	87	
PL	184	227	292	317	364	420	486	546	601	

[2]B/S de 2002 reclassifica passivos do C/P para L/P contabilizados em 2001
[3]Ajustado em 06/2003

Entendemos ser grave o fato de os balanços não apresentarem nenhuma ressalva por parte dos Auditores Independentes e de as determinações do BACEN não terem sido rigorosamente observadas, e que se deve prontamente analisar as ações a serem tomadas em virtude de possíveis omissões e imperícias — não olvidando que o Banco sofreu forte crise de liquidez em 2001 e 2004, além das inúmeras irregularidades praticadas.

Observações relativas às Demonstrações Financeiras Auditadas:

a) **Operações atípicas, como vendas de participações societárias, operações com derivativos no exterior, cessões de créditos ilíquidos e receitas decorrentes de marcação a mercado de opções flexíveis contribuíram com R$308 milhões para a formação desses lucros, sem as quais o Banco San-**

tos teria apresentado resultados bastante reduzidos, e seguramente prejuízos em alguns períodos;

b) Não identificamos, nos balanços, comentários relativos à grande variação ocorrida entre os períodos de 12/01 e 06/02 na rubrica Aplicações;

c) Idem a partir de 2002 na rubrica Títulos vinculados a compromisso de recompra;

d) Idem relativo ao aumento de operações derivativas ativas e passivas a partir de 2002;

e) Idem quanto ao contingenciamento crescente observado a partir de 2002;

f) Idem quanto à queda das captações a partir de 2003;

g) Não identificamos explícita demonstração ou comentários quanto ao montante de Euronotes colocados. O Relatório da (extinta) Administração do Banco Santos destaca que, pela primeira vez em sua história, o Banco Santos acessou o mercado de capitais internacional por meio de um Programa de Emissão de Euronotes no valor de US$100 milhões;

h) Idem letra "b" quanto ao aumento da captação de linhas de *trade finance* a partir de 2003;

i) Não identificamos comentários sobre o representativo aumento nas operações de repasse do BNDES a partir do segundo semestre de 2001 (cuja documentação analisada demonstra que foi utilizada como "moeda de troca"/ reciprocidade);

j) Idem letra "h" a partir de 2003.

V — Dos relatórios das empresas de rating

Os Relatórios da Diretoria constantes das demonstrações financeiras auditadas de junho e dezembro de 2003 restringem-se a mencionar que o Banco Santos vinha sendo avaliado periodicamente pelas principais agências nacionais e internacionais de rating e de classificação de risco: Austin Asis; Fitch; Moody's Investors Service; RISKbank e Standard & Poors. Não apresentam informações quanto ao conteúdo dos relatórios dessas agências, conforme demonstraremos a seguir em alguns exemplos selecionados:

Austin Asis

Em uma análise inicial, desperta atenção os relatórios da empresa Austin Rating, particularmente o relatório referente a junho de 2004, emitido em 26 de agosto do mesmo ano (assim como os de junho e dezembro de 2003). O referido relatório classifica o Banco Santos como risco "**A**", que é definido pela Austin como:

> *O banco apresenta solidez financeira intrínseca boa. São instituições dotadas de negócio seguro e valorizado, boa situação financeira atual e histórica. Os ambientes empresarial e setorial podem variar sem, porém, afetar as condições de funcionamento do banco. O risco é muito baixo.*

Merece séria análise a possibilidade de imputação de responsabilidade à referida empresa de *Rating*, considerando os danos e perdas gerados por eventuais imperícias.

Fitch Rating — 9/2/2004

> *Na semana de 2 a 6 de fevereiro Fitch exclui Banco Santos de sua relação de rating de Bancos.*

Fitch Rating — 19/12/2003

> *Em 19/12/2003 a Fitch rebaixa rating Individual do Banco Santos de "D" para "D/E".*

> *A decisão da Fitch reflete sua preocupação com a deterioração do nível de exposição do Banco Santos com relação a créditos problemáticos nos primeiros 3 trimestres de 2003 e o baixo nível de provisionamento para devedores duvidosos. A Fitch está igualmente preocupada quanto à elevada exposição do patrimônio do Banco a créditos não provisionados no contexto da queda dos indicadores de adequação do capital, e concentrações em ambos os lados do Balanço Patrimonial. Apesar de suas provisões para créditos duvidosos estarem bem mais elevadas, a lucratividade reportada melhorou amparada em fortes resultados de tesouraria, mas pode ficar sob maior pressão em razão da necessidade de melhorar seu nível de contingenciamento e menores margens em atividades de tesouraria em um ambiente de mercado local mais estável.*

> *O nível de créditos problemáticos do Banco Santos atingiu uma alta em setembro de 2003, atingindo 15,4%, superior aos 13,9% registrados em junho de 2003; 12,3% em março de 2003; 7,1% em dezembro de 2002, resultado principalmente de uma revisão regulatória realizada pelo Banco Central. Diferentemente da maioria dos bancos locais que tendem a exceder os requisitos regulatórios, as provisões realizadas pelo Banco Santos situam-se estritamente no*

limite mínimo estabelecido pelo Banco Central. Em junho de 2003, as reservas cobriam o baixo nível de 36,7% de créditos problemáticos (dezembro de 2002: 37,4%; junho de 2002: 33,8%).

A deterioração no perfil da carteira de créditos demandou uma elevação nas despesas de provisionamento; provisões líquidas consumiram 24% da receita líquida no primeiro semestre de 2003, superior aos dois semestres anteriores, que registraram 19,8% e 5,7%, respectivamente. Um nível mais adequado de reservas dado o ritmo de deterioração e a potencial migração adicional para menores classificações de risco de crédito demandariam esforços de provisionamento significativamente mais elevados que iriam, em contrapartida, pressionar a lucratividade e a geração de capital interna em um momento em que os indicadores de adequação do capital caíram próximo ao nível regulatório mínimo. Em junho de 2003, créditos problemáticos, líquidos de provisões, encontravam-se no elevado patamar de 42,1% do patrimônio; 22,3% em dezembro de 2002 e 11% em junho de 2002.

Historicamente, o controlador do Banco Santos deu suporte ao Banco sempre que necessário e a Fitch vê evidências de que ele continua a fazê-lo. Suporte é possível, mas não se pode depender do mesmo, uma vez que a Fitch não está em uma posição em que possa aferir a capacidade de um indivíduo em dar o suporte necessário ao Banco. O porte do Banco e a inexistência de operações de varejo tornam improvável o suporte das autoridades.

Entrevistas realizadas com a Administração do Banco Santos levaram a Fitch a entender que a mesma está implementando medidas corretivas com total apoio de seu controlador. Apesar dessas medidas, que podem resultar em alguma melhoria nos indicadores financeiros, o perfil de crédito do Banco está mais adequadamente refletido pelos ratings apresentados.

O rating Individual da Fitch acessa como um banco seria visto se fosse totalmente independente e não pudesse depender de suporte externo. Seu rating de Suporte analisa se o banco receberia suporte de seus controladores ou do Estado caso viesse a entrar em dificuldade.

Moody's — 13/06/2003

Relatório da Moody's de 13/06/2003 comenta sobre a inerente limitação do Banco Santos em acesso a investimento básico, assim como seu baixo nível de diversificação de ativos e produtos. Comenta ainda que o acelerado crescimento das atividades do Banco em um ambiente operacional altamente volátil pode resultar em necessidade de aporte de capital adicional, assim como dificultar a qualidade e consistência dos lucros do Banco Santos.

Do acima exposto, podemos concluir que, com exceção da Austin, as agências de *rating* internacionais haviam claramente sinalizado a fragilidade do Banco Santos e sua tendência degenerativa. Lamentavelmente, as medidas mais incisivas sofreram certa demora em serem executadas, de tal sorte que sustassem o processo de destruição de valor gerado pelas inúmeras irregularidades mais cedo, assim como as volumosas perdas imputadas aos credores do Banco Santos.

VI — Da gestão e governança

Toda a documentação analisada demonstra cristalinamente fortes indícios de que a derrocada do Banco Santos foi consequência de atos configurados como gestão temerária e que este padecia de não observância aos princípios da boa Governança Corporativa e de controles compatíveis com seu porte e ramo de atividades.

Amparados nas normas legais brasileiras e internacionais vigentes, e na ampla jurisprudência, a administração da massa deve de pronto tomar as medidas administrativas e judiciais cabíveis na imputação de crimes falimentares e de responsabilidade cometidos por todos aqueles que agiram de forma intencional e mefistofélica, os que cometeram atos de imperícia e aqueles que cooptaram com as irregularidades.

VII — Da operação de Euronotes de US$100 milhões

É preocupante o fato de haver sido emitidos US$100 milhões em Euronotes, sem garantias *(clean)*, a partir de final de março de 2004, considerando que:

a) Trata-se de operação internacional na qual as instituições pretendentes são submetidas ao mais rigoroso processo de *due diligence* por vários agentes de nível internacional;

b) Foi estruturada e realizada no apogeu do período de convulsão/derrocada do Banco, com alertas constantes de relatórios de renomadas agências de *rating* internacionais (Fitch e Moody's) e após início do processo de enrijecimento da fiscalização do BACEN no começo de 2004, conforme aqui relatados;

c) Teve como agente de lançamento, emissão e pagamento, o Grupo **JP Morgan Chase**; Auditor Independente, a **Ernst & Young**; *dealer*, a **Eurovest Global Securities Inc.**; agência de *rating*, **Moody's** e escritórios de renome, como **Machado Meyer (Brasil)** e **Mayer, Brown, Rowe & Maw LLP (EUA)**;

d) É política de precaução comum a instituições internacionais como o **Grupo JP Morgan Chase**, um dos maiores conglomerados financeiros do mundo, e **Ernst & Young**, uma das *Big Four* internacionais, realizar criteriosa e cuidadosa análise de risco da operação (emissor) pretendida antes de aceitarem a incumbência e colocarem suas "placas", na qual carregam todo o peso de seus históricos e tradições;

e) Tal operação internacional confere uma importante chancela de altíssima credibilidade à instituição emissora, da qual via de regra usufrui em suas iniciativas comerciais de atração de novos investidores e preservação dos atuais, com respectivo aumento do volume investido. A ampla visibilidade da operação na mídia repercutiu positivamente entre os investidores e aplicadores domésticos — frise-se o destaque dado a essa operação do Banco Santos contendo entrevistas em reportagens com manchetes espetaculosas como: a) **Captação Recorde de US$3,2 bilhões** — Valor Econômico 04/10/2004, às vésperas da intervenção; b) **Bancos Voltam a Captar Recursos no Exterior** — Folha de S.Paulo 05/07/2004; c) **Bancos e Empresas Retomam Captações** — Gazeta Mercantil 23/06/2004; **Banco Santos Capta US$6,5 milhões** — Folha de S.Paulo 19/08/2004; entre outras, como inserção de anúncios de emissão.

Com efeito, foi uma operação que, além de prejudicar aqueles legítimos adquirentes dos títulos, seguramente pode ter sido extremamente danosa aos credores do Banco nos mercados doméstico e internacional, podendo havê-los levado à tomada de decisões de investimento ou desinvestimento (ou crédito) equivocadas e consequentemente a perdas irreparáveis.

Desta feita, a administração da massa deve tomar as devidas iniciativas para deliberar quanto à imputação de perdas e danos gerados por eventual imperícia ou negligência dos mesmos, buscando o respectivo ressarcimento, como observado em casos como Enron, Worldcom, Parmalat e outros. Podem ou não ter relevância as alterações envolvendo a cúpula da Eurovest e JPMorganChase no Brasil após o escândalo do Banco Santos, mas merecem análise.

Correspondência do Banco Santos dirigida ao BACEN em 30 de abril de 2004 apresenta as seguintes informações da operação:

...1– Código ISIN do Programa de Emissão de Euronotes do Banco Santos: XS0191675007;

2– Dados da Emissão:

a) Agente de Lançamento e Emissão: JP Morgan Chase Bank

b) Agente de Pagamento: JP Morgan Trust Bank Ltd.

c) Agente de Listagem: JP Morgan Bank Luxembourg S.A.

d) Listada na: Société de la Bourse de Luxembourg S.A.

e) Código Euroclear e Clearstream (common code): 019167500

Os títulos emitidos são "Títulos ao Portador", registrados na Bolsa de Luxemburgo e negociados pelas Câmaras de Compensação — Euroclear e Clearstream.

...

VIII — Das operações envolvendo empresas direta e indiretamente relacionadas

Realizamos exaustiva análise das operações e produtos do Banco Santos que demonstram com claridade solar uma grande quantidade de irregularidades que já são de domínio público e de conhecimento dos credores, constantes de mais de uma centena de volumes, entre os quais: autos da falência; relatórios do BACEN; demonstrações financeiras auditadas; relatórios de agências de rating; Justiça Federal; Ministério Público.

Toda essa multiplicidade de provas cabais de irregularidades não deixa dúvidas quanto às iniciativas a serem tomadas em defesa dos direitos dos credores e aqui mencionadas reiteradamente, envolvendo tanto seus protagonistas quanto aqueles que cooptaram com tais práticas, assim como os que cometeram atos de imperícia e má-fé.

IX — Dos resultados do período findo em 12/11/2004

JUN 2004 — Auditados Pela Trevisan Auditores
Independentes (em Reais Milhões)

	S1/2004	SI/2003
Receitas da Intermediação Financeira	**535**	**762**
Operações de Crédito	301	255
Resultado de Operações com TVM	180	282
Resultado com Derivativos	30	225
Resultado de Operações de Câmbio	22	-
Resultado de Aplicações Compulsórias	3	-
Despesas da Intermediação Financeira	**(425)**	**(594)**
Operações de Captação no Mercado	(273)	(432)
Oper. de Empr., Cessões e Repasses	(108)	(47)
Resultado de Operações de Câmbio	-	(52)
PDD	(44)	(63)
Resultado Bruto da Intermediação Financeira	**110**	**167**
Outras Receitas (Despesas) Operacionais	**(59)**	**(76)**
Receitas de Prestação de Serviços	18	12
Rec. Op. Líquida Previd./Seguros	12	10
Rec. Líquida com Títulos de Capitalização	-	15
Despesas com Comercialização de Segurcs e Capitalização	(6)	(14)
Despesas de Pessoal	(39)	(49)
Outras Despesas Administrativas	(32)	(56)
Despesas Tributárias	(20)	(14)
Outras Receitas Operacionais	19	21
Outras Despesas Operacionais	(11)	(2)
Resultado Operacional	**51**	**92**
Resultado Não Operacional	**-**	**-**
Resultado antes da Tributação sem Lucro	**51**	**92**
IR e CS	(2)	(47)
Part. no lucro dos minoritários	(2)	-
Lucro/(Prejuízo) Líquido	**47**	**45**

Elaborado no Período da Intervenção Extrajudicial (em Reais Milhões)

	JUL a 12 NOV	ACUM 12 NOV	
Receitas da Intermediação Financeira	(679)	176	
Operações de Crédito	159	460	
Resultado de Operações com TVM	(517)	(348)	
Resultado com Derivativos	(324)	(294)	
Resultado de Aplicações Compulsórias	3	5,9	
Despesas da Intermediação Financeira	(1.978)	(2.371)	
Operações de Captação no Mercado	(188)	(450)	
Oper. de Empr., Cessões e Repasses	(40)	(148)	
Resultado de Operações de Câmbio	17	39	
PDD	(1.767)	(1.811)	
Resultado Bruto da Intermediação Fin.	(2.657)	(2.547)	Média Mensal
Outras Receitas (Despesas) Operacionais	(92)	(150)	(14,4)
Receitas de Prestação de Serviços	7	23	
Despesas de Pessoal	(38)	(73)	(7,0)
Outras Despesas Administrativas	(36)	(57)	(5,5)
Despesas Tributárias	(4)	(21)	
Resultado de Participações	(35)	(25)	
em Controladas			
Outras Receitas Operacionais	26	28	
Outras Despesas Operacionais	(12)	(23)	(2,2!
Resultado Operacional	(2.749)	(2.696)	
Resultado Não Operacional	(59)	(59)	
Resultado antes da Tributação s/ Lucro	(2.809)	(2.757)	
IR e CS	(51)	(57)	
Lucro/(Prejuízo) Líquido	(2.860)	(2.813)	

X — Dos resultados da liquidação extrajudicial

Balanço Patrimonial em 20/09/2005 (em Reais Milhões)

ATIVOS	296,6	**PASSIVOS**	296,6
CIRCULANTE	276,7	**CIRCULANTE**	3.060,0
Aplicações	33,1	**Depósitos**	1.766,3
TVM	765,7	à vista	49,6
Carteira Própria	647,7	Interfinanceiras	135,6
Derivativos	222,2	Ligadas	26,8

Vinc. A Prestação de Garantias	5,1		Não Ligadas		108,7
Provisão para Perdas	**(757,1)**		à prazo		1.581,1
Crédito	**1.262,3**		**Títulos Exterior**		**180,9**
Provisão para Perdas	**(1.250,7)**		**Empréstimos Ext.**		**491,5**
Câmbio	**277,7**		**Empréstimos no País**		**15,0**
Diversos	383,3		**Repasses no País**		**3,5**
Provisão para Perdas	**(547,9)**		**Repasses no Exterior**		**9,2**
PERMANENTE	19,9		**Derivativos**		**320,1**
Particip. Controladas no País	29,4		**Outras Obrigações**		**273,3**
Provisão para Perdas	**(16)**		Cart. Câmbio		38,9
Imobilizado	5,8		Fiscais e Previd.		61,3
			Negociação e Intermed.		10,2
			Diversas		162,9
			PL		**(2.763,4)**

Demonstração do Resultado — Liquidação Extrajudicial
Acumulado até 20/09/2005 (em Reais Milhões)

Receitas da Intermediação Financeira	85,9	
Operações de Crédito	89,8	
Resultado das Operações com TVM	**(17,0)**	
Resultado com Instrumentos Financeiros Derivativos	2,4	
Resultado de Operações de Câmbio	9,7	
Resultado de Aplicações Compulsórias	1,0	
Despesas da Intermediação Financeira	**(280,7)**	
Operações de Captação no Mercado	(80,7)	
Operações de Empréstimos, Cessões e Repasses	(90,2)	
PDD	(109,6)	
Resultado Bruto da Intermediação Financeira	**(194,7)**	**Média Mensal**
Outras Receitas (Despesas) Operacionais	**(61,6)**	**(7,1)**
Receitas de Prestação de Serviços	-	
Despesas de Pessoal	(31,3)	(3,6)
Outras Despesas Administrativas	(25,6)	(2,9)
Despesas Tributárias	(3,9)	
Resultado de Participações em Controladas	(1)	
Outras Receitas Operacionais	4,6	
Outras Despesas Operacionais	(4,3)	
Resultado Operacional	**(256,3)**	
Resultado Não Operacional	**(3,6)**	
Resultado antes da Tributação sobre o Lucro	**(260,0)**	
IR e CS	15,7	
Lucro/(Prejuízo) Líquido	**(244,3)**	

No período de intervenção e liquidação correspondente a 2005, o Banco contabilizou perdas em todas as rubricas, que totalizaram R$244 milhões. As despesas operacionais situaram-se na média de R$7,1 milhões/mês (contra R$14,4 milhões/mês registrados no período pré-intervenção em 2004); Pessoal: R$3,5 milhões/mês em 2005 versus R$7 milhões/mês em 2004; Administrativas: R$2,9 versus R$5,5 milhões/mês em 2005 e 2004, respectivamente.

Destacamos que essa queda observada nas despesas entre 2004 e 2005 é comum nos processos liquidatórios em razão do processo de desativação de suas atividades — o aspecto mais crítico nesses casos é a enorme perda oriunda do transcurso do tempo, facilmente observada nas demonstrações de resultados de 2004 e 2005, ou seja:

- **2004:** R$736 milhões de Prejuízo Bruto de Intermediações Financeiras **antes de Provisão para Devedores Duvidosos/PDD** até 12/11/2004 e R$150 milhões de Despesas Operacionais.

- **2005:** R$81 milhões de Prejuízo Bruto de Intermediações Financeiras antes de PDD até 20/09/2005 e R$62 milhões de Despesas Operacionais.

- **2004/2005 (nos primeiros 10,4 meses de 2004 e 8,7 meses de 2005):** R$817 milhões de Prejuízo Bruto de Intermediações Financeiras antes de PDD e R$212 milhões de Despesas Operacionais. Ou seja, em aproximadamente **pouco mais de um ano e meio (mais precisamente 19 meses), foi gerada uma vultosa perda da ordem de R$1 bilhão**.

Em razão disso, total atenção deve ser dada ao quesito celeridade, reiterando que o Juízo é o poder central que determinará o atendimento aos direitos dos credores coibindo toda tentativa de retardamento do processo que visa alijar os credores de seus direitos, transformando os ativos e direitos da massa em pó.

XI — Da situação patrimonial da massa em 31/12/2005 e comentários quanto aos ativos

O Relatório apresentado na 1ª Assembleia de Credores realizada em 20/05/2006 aponta para uma moeda de recuperação da falência de 12,7%, equivalente a R$351 milhões de um total de ativos de R$3,4 bilhões na data base de 31/12/2005 e uma provisão de R$2,9 bilhões. Reporta a seguinte relação de credores:

	Classificação dos créditos	Quant.	R$ Milhões
Tributários	Receita Federal	1	22
Quirografários	Nacionais	1.957	2.084
	Estrangeiros — Bancos	51	552
	Euronotes (habilitados)	19	81
	Total	2.027	2.716
Multas	BACEN	1	4
Subordinados	Controlador/Ex-Administradores	19	0,163
	TOTAIS	2.048	2.743

Ativos Externos

	R$ milhões
Imóveis Atalanta/Hyles	160
Obras de Arte	35
FINSEC — recebimento estimado sobre R$221 milhões em operações de créditos cedidas pelo Banco Santos	11
Valores no Exterior	?
E-Financial	?
TOTAL	206

Após análise inicial dos principais itens da carteira, concluímos:

a) Carteira de cartões de crédito: R$5,1 milhões (base 03/2005); analisar eficácia da metodologia de cobrança;

b) Devedores Depósitos em Garantia: R$36,7 milhões, sendo R$26 milhões junto a um devedor — analisar situação atual;

c) Créditos junto a Procid e E-Financial de 6,9 e 2,8 milhões de reais, respectivamente — analisar situação atual;

d) Carteira de Opções Flexíveis: R$297 milhões — analisar em maior detalhe a existência de possíveis casos de cooptação;

e) Operações de CPR: R$461 milhões — observamos valores expressivos concentrados em poucos emissores, com as três maiores totalizando aproximadamente R$58 milhões, R$36 milhões e R$30 milhões, respectivamente. Várias outras com valores entre R$18 e R$10 milhões. Devem ser analisadas em maior detalhe para aferir a existência de possíveis casos de cooptação;

f) Operações de SWAP, Export Notes, Reciprocidades (inclusive em operações do BNDES), FINSEC e outras devem igualmente ser analisadas em detalhe.

Face o exposto, entendemos que a Moeda de Recuperação consolidada da falência pode atingir níveis melhores que os apresentados na 1ª Assembleia. Destacamos:

- Ativos de rastreamento desviados

- Euronotes — responsabilidade e negligência

- Ativos financeiros contabilizados

- Ativos financeiros e não financeiros externos

- Ressarcimentos derivados de imputação de responsabilidades

- Recuperação de ativos ENVOLVENDO AÇÕES DE COOPTAÇÃO

XII — Das receitas, despesas e eficácia da massa

As receitas da massa apuradas no período out/05–mai/06 totalizaram:

Mil Reais

	FALÊNCIA OUT/MAI06	LIQ. EXTRAJUDICIAL JUL–SET/2005(*)	Total
B — Entradas	61.284	30.643	91.927
B1 — Receitas	57.593	29.969	87.562
Operações de Crédito	37.727	24.791	62.518
Câmbio	3.498	693	4.191
Rec. Aplic. Financeiras	14.319	4.485	18.804
Fin. Exterior	247	-	247
Leilão	1.802	-	1.802
B2 — Outras	2.666	674	3.340
B3 — Variação Cambial	1.025	-	1.025

(*) Não logramos acesso a meses anteriores

Existem 4 grandes categorias de despesas: Administrativa/Tecnologia; Pessoal, incluindo encargos e benefícios; Jurídicas e Impostos, conforme resumimos a seguir:

	FALÊNCIA OUT/MAI06		LIQ. EJ JUL–SET/2005(*)	Total	
C — Out	13.467		7.614	21.081	
C1 — Despesas	8.063	18,4%	7.614	15.677	22,8%
Administrativas	1.922	23,8%	2.367	4.289	27,3%
Pessoal	4.603	57,1%	1.841	6.444	41,1%
Jurídicas	1.193	14,8%	698	1.891	12,1%
Impostos	73		2.709	2.782	
C2 — OUTRAS	5.402		2.124	7.526	
Impostos Retidos	295			295	
Credores Diversos	5.060		2.124	7.184	
E — Saldo Final	165MM				
Quadro Pessoal	59				

(*) Não logramos acesso a período anterior de forma mensal.

A boa técnica de análise estratégica e financeira exige que se efetue o estudo do ciclo completo de operação da instituição. No caso em pauta, inicia-se em 1999, e inclui obrigatoriamente o estudo da evolução do fluxo de caixa mensal a partir da data da intervenção até a presente data, logrando assim apresentar o panorama e diagnóstico econômico-financeiro completo aos credores, dotando-os dos subsídios e embasamento técnico necessários, adequadamente consubstanciados, para permitir sua tomada de decisões voltadas para a recuperação de ativos, imputação de responsabilidades e redução de custos da massa — qualquer hiato no período analisado pode prejudicar a análise em tela.

Fomos informados pelo Administrador Judicial que, havendo consultado ao Exmo. Juiz da massa, foi verbalmente instruído que a análise do Comitê deve restringir-se ao período da falência. Desta feita, dando cumprimento à determinação do Exmo. Juiz da 2ª Vara de Recuperação e Falência da Capital, a análise econômico-financeira mensal do período entre 12/11/04 e junho de 2005 não foi levada a termo.

No intervalo de 11 meses decorridos entre JUL05/MAI06 (não possuímos informações detalhadas dos meses de julho e agosto de 2005 — assim como dos primeiros vinte dias de setembro), as despesas operacionais da massa totalizaram R$15,6 milhões; consumiram 22,8% dos créditos recebidos e das receitas arrecadadas com o leilão de ativos. A evolução mensal desse indicador de julho de 2005 a maio de 2006 desenvolveu-se da seguinte forma:

Mil Reais

Quadro de Pessoal		Despesa Total		ADM	PESSOAL	LEGAL	IMPOSTOS
	Jul/05	3.264	28,0%	1.084	635	274	1.272
	Ago/05	2.508	33,9%	639	598	178	1.093
102	Set/05	1.842	28,6%	644	608	246	344
	Out/05	1.319	12,0%	487	686	146	-
	Nov/05	1.246	19,9%	332	559	84	-
	Dez/05	1.132	16,3%	204	749	171	9
	Jan/06	935	15,3%	197	629	101	8
61	Fev/06	795	20,6%	174	523	91	7
59	Mar/06	960	23,7%	166	498	264	31
61	Abr/06	756	28,1%	191	437	116	12
59	Mai/06	920	42,8%	171	522	220	6
	Total	**15.677**	**22,8%**	**4.289**	**6.444**	**1.891**	**2.782**
	Média	1.418	22,8%	390	586	172	

Realizamos entrevistas com o Administrador Judicial e com seus principais assessores. A equipe nos parece tecnicamente preparada e demonstrou empenho na implementação de medidas de redução de custos da massa, manifestando preocupação com a eficácia dos trabalhos e relação custo x benefício. Observamos que, dentre as medidas implementadas, estão:

- Redução salarial e do efetivo da massa — na data da intervenção do BACEN, 12/11/2004, a folha de pagamento do Banco Santos e coligadas (não incluindo a diretoria) totalizava R$4,3 milhões com um efetivo de 703 funcionários, ou seja, um salário médio de R$6.100; em maio/06, a massa contava com 59 funcionários (com experiência e nível profissional mais elevado que a média do quadro funcional do período que antecedeu a intervenção) para uma folha salarial bruta de R$248 mil representando um salário médio de R$4.300;

- Eliminação dos custos com a Atalanta a partir de fevereiro de 2006 — R$11 mil/mês;

- Eliminação dos custos de segurança armada da AGESSE, substituindo-a por serviços de vigilância — sem fragilizar a segurança de dados e arquivos;

- Renegociação de todos os contratos da área de tecnologia — aluguel de software;

- Redução dos custos da E-Financial (R$33 mil/mês) com despesas de processamento de todos os cartões de crédito, passando os respectivos serviços a serem realizados pela massa a partir de julho de 2006 — uma redução representativa, considerando que os gastos com TI, incluindo a E-Financial, totalizavam aproximadamente R$68 mil em maio de 2006.

Nosso entendimento é de que o mais valioso ativo intangível da massa é seu histórico, banco de dados e contratos que foram e devem continuar sendo preservados, pois constituem a base para toda a estratégia de maximização de recuperação de ativos, rastreamento e reparação de perdas para os credores. O esforço de redução contínua de custos deve ser mantido sem desconsiderar as ponderações apontadas. Recomendamos as seguintes ações pontuais:

1) Revisão do plano de saúde atualmente utilizado (Unibanco AIG) que se encontra na casa de R$35 mil/mês;

2) Revisão do valor do contrato CODEP — vigilância e segurança de dados e arquivos (R$20 mil/mês);

3) ANÁLISE DE RISCO DE CONFLITO DE INTERESSES ENVOLVENDO O ESCRITÓRIO **LEITE, TOSTO E BARROS ADVOGADOS ASSOCIADOS** (trabalha com o Grupo Santos desde 1996), considerando que tal escritório, segundo fomos informados pelo Administrador Judicial, advogava até recentemente, <u>OU POSSIVELMENTE AINDA O FAÇA, POIS NÃO IDENTIFICAMOS ATÉ A DATA DO PRESENTE RELATÓRIO DOCUMENTOS QUE DEMONSTREM CABALMENTE O CONTRÁRIO</u>, para ex-administradores do Banco Santos. Os documentos analisados registram que o escritório Tosto e Barros Advogados firmou contrato no valor de **R$1,2 <u>MILHÃO PAGO ANTECIPADAMENTE</u>** pelo Banco Santos em 2004 para: prestar serviços destinados a <u>**"BLINDAGEM" JURÍDICA DOS ADMINISTRADORES DO BANCO SANTOS**</u> e demais empresas do Grupo Financeiro Banco Santos, incluindo assessoria e consultoria jurídica em qualquer questão envolvendo suas atividades como administradores DURANTE **5 ANOS CONTADOS A PARTIR DE 03/05/2004**, considerando que os administradores do Banco estão sujeitos a riscos de responsabilização

pelos atos praticados no exercício de seus mandatos. Os documentos analisados destacam ainda que os atos de gestão poderão ser questionados **I)** pelas autoridades monetárias/regulatórias (Banco Central/CVM) em razão de descumprimento de normas regulamentares; **II)** pela autoridade fiscal em decorrência de eventuais contingências fiscais supervenientes; **III)** por terceiros (entre os quais credores), inclusive na esfera criminal, por outras razões. O contrato engloba os seguintes serviços: **(a)** assessoria jurídica completa em todos os assuntos decorrentes dos atos de gestão praticados durante os mandatos exercidos no Banco; **(b)** defesa dos interesses dos administradores do banco em quaisquer instâncias ou tribunais em todos os procedimentos nos quais estes venham a ser partes ou interessados; **(c)** consultoria jurídica em todas as questões correlatas; **(d)** elaboração e manutenção de arquivo documental das operações que, a critério dos administradores, possam ser objeto de questionamento futuro; **(e)** realização de reuniões periódicas de avaliação com os administradores; **(f)** todo e qualquer serviço de consultoria/assessoria jurídica em razão de atos praticados no exercício da função de administrador do Banco Santos. Identificamos que o escritório Leite, Tosto e Barros Advogados Associados efetivamente representou ex-administradores do Banco Santos em 2005, alcançados pela responsabilidade solidária de que trata a Lei 6.024/74, pelos prejuízos causados a terceiros durante suas respectivas gestões, em sua defesa junto à Comissão de Inquérito do BACEN, fato que, em nosso entendimento, deveria levá-lo a declinar advogar para a massa, o que não ocorreu e, segundo entendemos, merece ser corrigido pela administração da massa em razão do conflito relatado. Trata-se de uma questão de princípio a ser analisada pela massa, independentemente de ser um escritório de reconhecida capacidade;

4) Compilação permanente dos resultados econômico-financeiros e eficácia individualizada de cada processo juntamente com a respectiva análise qualitativa, tanto pela administração da massa quanto pelos escritórios de advogados contratados. Apresentação dos escritórios ao comitê de credores.

No presente momento, existem 1.341 processos judiciais da massa que perfazem o total de R$2,9 bilhões.

Reais Milhões

Tipo	Polo	N°	Valor Envolvido
Cível	Ativo	525	986,7
	Passivo	454	1.793,1
Trabalhista	-	290	106,8
Tributário	Ativo	35	14,2
	Passivo	37	17,2
Total		**1.341**	**2.918**

Os serviços advocatícios externos da massa estão atualmente concentrados em 4 escritórios:

- Leite, Tosto de Barros Advogados Associados

- Abreu e Bertrand Advogados

- Luiz Gonzaga Kachan Advogados

- Prestes e Silveira Advogados Associados

Os gastos com honorários incorridos de setembro de 2005 a maio de 2006 são:

Mil Reais

Tosto	516[1]
Abreu	449
Kachan	121
Prestes	85
Levy & Salomão	15
Outros	98
Total	**1.282**

[1] Além do valor de R$1,2 milhão pré-pago pelo Banco Santos para que o referido escritório efetuasse a "blindagem" jurídica de seus ex-administradores, incluindo crimes falimentares e de responsabilidade.

Em 28/07/2005, o liquidante recebeu proposta do escritório Norte-Americano Susman Godfrey LLP para mover potenciais ações contra o Bank of America, Standard Chartered Bank, Deloitte & Touche e outras entidades em conexão com o Bank of Europe. A proposta consiste em representar o Banco Santos em todas as ações judiciais que o Banco tenha contra algumas ou todas as seguintes empresas: Bank of America, Standard Chartered Bank, Deloitte & Touche, Bank of Europe, Beauford Services S.A., Alsace Lorraine Investment Services Limited e outros. A Dra. Helaine Tonin, responsável pela área jurídica da massa, informou desconhecer os detalhes que levaram ao não seguimento do assunto. Recomendamos que essa questão seja analisada mais pormenorizadamente com vistas à possibilidade de recuperação adicional de ativos.

Em nossa análise com relação à eficácia da massa no período de 9,5 meses desde a data de decretação da falência, concluímos que não se produziram os resultados esperados em certos aspectos, alguns de altíssima relevância, além de alguns equívocos entre os quais citamos:

1) Inexistência de um planejamento estratégico e operacional contendo as medidas emergenciais, prioridades, metas, objetivos, valores e respectivos cronogramas físico-econômico-financeiros. Item de vital importância;

2) A não realização da urgentíssima medida de solicitação de propostas, análise e contratação dos serviços altamente especializados de rastreamento, congelamento, medidas judiciais, cobrança e recebimento dos ativos desviados da massa. Em se tratando de ativos financeiros, da velocidade com que esses recursos são transferidos e "lavados", o atraso na tomada dessas ações certamente acarreta em perdas incalculáveis. Com efeito, são medidas que mereciam haver sido tomadas desde a intervenção extrajudicial;

3) A não realização de análise de possíveis responsabilidades envolvendo os participantes da operação de Euronotes;

4) A não execução em maior escala de plano de realização de ativos financeiros no Brasil, uma vez que o envelhecimento da carteira aumenta o grau de dificuldade de sua realização, além de depreciar financeiramente os respectivos valores a receber;

5) A não realização de análise de possíveis responsabilidades envolvendo os auditores independentes, conforme citado no relatório da Comissão de Inquérito em razão de não terem registrado quaisquer ressalvas nos balanços do Banco Santos;

6) A manutenção do escritório que representava a empresa antes da intervenção e seus ex-administradores. Entendemos que, em razão do conflito já mencionado e da confidencialidade necessária, a continuidade desses serviços não era recomendável ou prudente;

7) A contratação de serviços da ex-diretora adjunta, supostamente pessoa de alta confiança da extinta administração do Banco Santos, Sra. Leila Chain. Foi eleita pela AGE de 01/02/2001 e reeleita pela AGO de 24/02/2002 com mandato até AGO de 2005. Fomos informados pelo Sr. Flávio Fernandes que, devido ao fato de a Sra. Leila Chain haver sido responsável pela área de Recursos Humanos, a massa não podia prescindir de seus serviços de apoio tanto nos processos trabalhistas quanto na definição daqueles funcionários do Banco que deveriam ser mantidos na massa. Devido a confidencialidade necessária, entendemos que a contratação desses serviços não era recomendável ou prudente;

8) O demasiado atraso na emissão do Relatório do Administrador Judicial, não realizado até a presente data. Relatório de extrema importância em razão do disposto na alínea *e* do inciso III do caput do artigo 22 da Lei 11.101/05, observado igualmente o artigo 186, no qual o Administrador Judicial deverá apresentar ao Juiz as causas e circunstâncias que conduziram à falência do Banco, juntamente com a indicação da responsabilidade civil e penal dos envolvidos.

XIII — Da estratégia

A estratégia a ser adotada doravante, e implementada com a urgência que as circunstâncias requerem, deve ser bidirecional. Uma frente voltada para o ressarcimento das perdas e danos/responsabilização de todos os implicados e outra voltada para o futuro — inclusive a recuperação e rastreamento de ativos financeiros e não financeiros no Brasil e exterior.

Recomendamos que a definição da estratégia e sua efetiva execução sejam amparadas pelo indispensável sigilo, para assegurar a maximização de seus resultados, em especial diante das peculiaridades do caso e coincidências, em muitas situações, entre a posição de credor de empresas ligadas ao Banco Santos e seus ex-controladores.

XIV — Das conclusões e principais recomendações

Na qualidade de Membro do Comitê de Credores com a obrigação de zelar pelo interesse dos credores, inclusive, mas não limitado a: comunicar ao Juiz toda e qualquer violação dos direitos ou prejuízo aos interesses dos credores; fiscalizar as atividades e examinar as contas do administrador judicial; cooperar na identificação de todas as formas administrativas e legais de recuperação e rastreamento de ativos financeiros e não financeiros, tanto aqueles contabilizados quanto os não contabilizados e desviados; de busca de ressarcimento de perdas e danos por atos de imperícia ou omissão de entidades responsáveis; e de imputação de responsabilidades, inclusive das partes que cooptaram com as irregularidades. Adicionalmente, contribuir para a celeridade do processo e realização dos ativos no mais breve espaço de tempo possível, dentro das limitações impostas por lei. Sem embargo, colaborando para evitar abusos voltados para a procrastinação do processo.

À luz de todo o exposto, concluímos que os credores foram vítimas de um sem-número de irregularidades praticadas ardilosamente por um grande contingente de protagonistas, incluindo os que compactuaram com tais práticas consciente e deliberadamente nas diferentes operações desenvolvidas pelo Banco Santos e empresas relacionadas direta e indiretamente.

Lamentavelmente, fica igualmente a impressão de que os agentes responsáveis por coibir tais práticas, fiscalização e auditoria, **tardaram** a tomar as duras medidas que a gravidade dos fatos exigia ou não realizaram nenhuma ressalva nos balanços auditados, o que acarretou nas vultosas perdas aqui relatadas.

Nossas recomendações, que entendemos ser de interesse dos credores — excepcionando aquelas de cunho reservado e que devem correr sob sigilo — consistem de:

1) Analisar todo e qualquer saque efetuado, com atenção especial aos de maior valor, no período pré-intervenção (iniciando em janeiro de 2004) vez que seus titulares estariam sob suspeita de terem tido acesso a informações privilegiadas *(insider)* e tomar as medidas administrativas e legais necessárias;

2) Analisar as possíveis medidas judiciais cabíveis a serem tomadas contra os envolvidos na operação de emissão de Euronotes e analisar sua legitimidade,

eventuais vícios, legitimidade dos detentores dos títulos; observando inclusive que apenas parte dos titulares habilitou seus créditos na falência;

3) Idem com relação aos órgãos fiscalizadores, auditorias independentes, agências de *rating* e outros;

4) Iniciar de imediato o processo de rastreamento de ativos no Brasil e exterior;

5) Acelerar o processo de recuperação de ativos financeiros e não financeiros identificados;

6) Iniciar de imediato as ações de responsabilidade cabíveis, além das já mencionadas;

7) Iniciar de imediato as ações de crimes financeiros e gestão temerária;

8) Interromper os serviços prestados pelo escritório Leite, Tosto e Barros Advogados Associados, em razão do conflito de interesses identificado;

9) Solicitar a emissão do Relatório do Administrador Judicial que, em conformidade com o artigo 22, inciso III, alínea *e* da lei 11.101/05, deve ser apresentado no prazo máximo de 80 dias contados da assinatura do termo de compromisso — observado o disposto no artigo 186 do mesmo diploma legal;

10) Implementar as medidas de redução de custos recomendadas, assim como detalhar plano para redução de custos adicional, sem colocar em risco a segurança e histórico dos acontecimentos — observando os aspectos custo *versus* benefício;

11) Conjugar esforços entre Juízo, Ministério Público, Administrador Judicial, Credores nacionais e estrangeiros em torno do objetivo comum de maximizar a recuperação de ativos da massa, de aferir responsabilidades e de assegurar o direito dos credores;

12) Vetar medidas administrativas e judiciais protelatórias;

13) Confeccionar um planejamento estratégico e operacional contendo as medidas emergenciais, prioridades, metas, objetivos, valores e respectivos cronogramas físico-econômico-financeiros.

Reiteramos que o Juízo é o fulcro que determinará o atendimento aos direitos dos credores, coibindo toda tentativa de retardamento do processo que vise alijar os credores de seus direitos, transformando os ativos e direitos da massa em pó.

Corroborando com nossa análise, está o fato de que, em apenas 19 meses (nos 10,4 e 8,6 primeiros meses de 2004 e 2005, respectivamente), haver ocorrido perdas da ordem de R$1 bilhão — irrecuperáveis aos credores em razão de sua natureza. Retroagindo a 2001, as gigantescas perdas avolumam-se de forma incalculável.

A administração da massa falida do Banco Santos não pode permitir que os ativos remanescentes existentes sejam exauridos. Deve igual e diligentemente assegurar que seja envidado todo o esforço para, no menor tempo possível, ter os direitos dos credores respeitados para, com o forte apoio e iniciativas do juízo, recuperar os ativos da massa e ressarci-la pelas perdas causadas por cooptação, negligência, imperícia ou omissão de terceiros, por meio de medidas de imputação de responsabilidade.

Jorge Queiroz
Comitê de Credores

Referências

Abed, G., & Davoodi, H. (2000). Corruption, Structural Reforms, and Economic Performance in the Transition Economies (F. A. Department, Trans.). In IMF (Ed.), *IMF Working Paper* (p. 47): IMF.

Abramo, C. W. (2005). How Far Perceptions Go (p. 60): Transparencia Brasil.

Acemoglu, D., Egorov, G., & Konstantin, S. (2013). A Political Theory of Populism. *Quarterly Journal of Economics*, pp. 771–805.

Ades, A., & Di Tella, R. (1997). National Champions and Corruption: Some Unpleaset Interventionist Arithmetic. *The Economic Journal*, 107, 1023–1042.

Ades, A., & Di Tella, R. (1999). Rents, Competition and Corruption. *American Economic Review*, 89, 982–994.

Alesina, A., & Angeletos, G.-M. (2005). Corruption, Inequality and Fairness. *Journal of Monetary Economics*.

Alvarez, G. (2014). *Los Males del Populismo*. Paper presented at the Primero Parlamento Iberoamericano de la Juventud, Zaragoza, Spain.

Andvig, J. C., Fjeldstad, O.-H., Amundsen, I., Sissener, T., & Søreide, T. (2000). Research on Corruption: A Policy Oriented Survey: Chr. Michelsen Institute (CMI) & Norwegian Institute of International Affairs (NUPI).

Armony, V. (2005). Populism and neo-populism in Latin America. *Université de Montréal*.

Arvate, P., Lucinda, C., & Schneider, F. (2004). Shadow Economies in Latin America: What Do We Know? A highlight on Brazil.

Barro, R. J. (2013). Education and Economic Growth. *Annals of Economic and Finance*, 277–304.

Bologna, J. (2014). The Effect of Informal Employment and Corruption on Income Levels in Brazil. *Economics Working Papers*, 52.

Campos, N. F., & Giovannoni, F. (2006) Lobbying, Corruption and Political Influence. *Vol. IZA DP No. 2313* (p. 37): Forschungsinstitut zur Zukunft der Arbeit Institute for the Study of Labor.

Chetwynd, E., Chetwynd, F., & Spector, B. (2003). Corruption and Poverty: A Review of Recent Literature. *Management Systems International*.

Claessens, S., Feijen, E., & Laeven, L. (2008). Political connections and preferential access to finance: the role of campaign contributions. *Journal of Financial Economics*, 88, 554–80.

Coate, S., & Morris, S. (1999). Policy Persistence. *American Economic Review 89*: 1327–1336.

Crutchfield, R. D., & Wadsworth, T. (2003). *International Handbook of Violence Research* (W. Heitmeyer & J. Hagan Eds.): Springer Netherlands.

Dahm, M., & Porteiro, N. (2004). The Carrot and the Stick: Which is the Lobby's Optimal Choice? *Working Paper, Kellogg School of Management*.

Damania, R., Fredricksson, P. G., & Mani, M. (2004). The Persistence of Corruption and Regulatory Compliance Failures: Theory and Evidence. *Public Choice*, Vol. 121, pp. 363–390.

Dinc, S. (2005). Politicians and banks: political influences on government-owned banks in emerging countries. *Journal of Financial Economics*, 77, 453–79.

Djankov, S., La Porta, F. L.-d.-S., & Shleifer, A. (2002). The Regulation of Entry. *Quarterly Journal of Economics*, 117 (1), 1–17.

Dreher, A., Kotsogiannis, C., & McCorriston, S. (2007). Corruption Around the World: Evidence from a Structural Model *Journal of Comparative Economics, Elsevier, 35* (3), pp. 443–466.

Dreher, A., & Schneider, F. (2006). Corruption and the Shadow Economy: An Empirical Analysis. *Department of Economics, Johannes Kepler University of Linz, Working Paper No. 0603.*

Eicher, T., Garcia-Penalosa, C., & van Ypersele, T. (2009). Education, Corruption and the Distribution of Income. *Journal of Economic Growth.*

Feld, L. V., Stefan. (2003). Economic growth and judicial independence: cross-country evidence using a new set of indicators. *European Journal of Political Economy, Volume 19.*

Ferraz, C., & Finan, F. (2011). Electoral Accountability and Corruption: Evidence from the Audits of Local Governments. *American Economic Review,* 101 (4), 1274–1311.

Forrester, J. W. (2013). Fireside Chat with Jay W. Forrester - Frontier Nature of Systems Dynamics. In K. Saeed & B. Eberlein (Eds.), *31st International Conference of the System Dynamics Society*: System Dynamics Society.

Friedman, E., Johnson, S., Kaufmann, D., & Zoido-Lobaton, P. (2000). Dodging the grabbing hand: the determinants of unofficial activity in 69 countries. *Journal of Public Economics, Vol 76* (Issue 3), pp. 459–493.

Glaeser, E. (2012). The Political Risks of Fighting Market Failures: Subversion, Populism and Government Sponsored Enterprises. *National Bureau of Economic Research, WP 18112.*

Goel, R. K., & Nelson, M. A. (1998). Corruption and government size: A disaggregated analysis. *Public Choice,* 97, pp. 107–120.

Goel, R. K., & Nelson, M. A. (2005). Economic Freedom versus Political Freedom: Cross-Country Influences on Corruption. *Australian Economic Papers,* 44, 121–133.

Grossman, G., & Helpman, E. (2001). Special Interest Politics. *MIT Press.*

Gupta, S., Davoodi, H., & Terme, R. (1998). Does Corruption Affect Income Inequality and Poverty? *IMF Working Paper 98/76,* 41.

Hameed, S., Magpile, J., & Runde, D. (2014). The Costs of Corruption, Strategies for Ending a Tax on Private-sector-led Growth. In D. Runde (Ed.), (p. 45): Center for Strategic & International Studies — CSIS.

Haraldsson, H. V., & Sverdrup, H. U. (2005). *On aspects of System Analysis and Dynamic workflow*. Paper presented at the International Conference of the System Dynamics Society, Boston.

Harstad, B., & Svensson, J. (2005). Bribe or Lobby? (It's a Matter of Development). *Mimeo, Northwestern University.*

Hibbs, D. A., Jr.;, & Piculescu, V. (2005). Institutions, Corruption and Tax Evasion in the Unofficial Economy. *CEFOS and Department of Economics, Göteborg University*, p. 30.

Hindriks, J., Keen, M., & Muthoo, A. (1999). Corruption, extortion and evasion. *Journal of Public Economics*, pp. 395–430.

IMD. (2015). The IMD World Competitiveness Scoreboard 2015: International Institute for Management Development (IMD).

Johnson, S., Kaufmann, D., & Zoido-Lobaton, P. (1999). Corruption, Public Finances and Unofficial Economy (p. 60): The World Bank.

Kar, D. (2014). Brazil: Capital Flight, Illicit Flows, and Macroeconomic Crises, 1960–2012 (p. 60): Global Financial Integrity.

Kar, D., & LeBlanc, B. (2013). Illicit Financial Flows from Developing Countries: 2002–2011 (p. 68): Global Financial Integrity.

Kaufmann, D., Kraay, A., & Mastruzzi, M. (2010). Methodology and Analitical Issues — Worldwide Governance Indicators (p. 31): The World Bank.

Kaufmann, D., Kraay, A., & Mastruzzi, M. (2017). *Worldwide Governance Indicators*. The World Bank. Retrieved from http://info.worldbank.org/governance/wgi/index.aspx — home.

Kaufmann, D., Kraay, A., & Zoido-Lobaton. (1999). Governance Matters (D. R. G. M. a. Growth, Trans.) *Policy Research Working Paper 2196* (p. 64): The World Bank.

Keefer, P., & Knack, S. (2007). Why Don't Poor Countries Catch up? A cross-national test of an institutional explanation. *Economic Enquiry, V. 35* (Issue 3).

Khwaja, A. I., & Mian, A. (2011). Rent Seeking and Corruption in Financial Markets. *Annual Review of Economics*, 22 pp. 579–600.

Kotera, G., Keisuke, O., & Samreth, S. (2012). Government size, democracy, and corruption: An empirical investigation. *Economic Modelling — Elsevier*, pp. 2340–2348. doi: 10.1016/j.econmod.2012.06.022.

Lambsdorff, J. G. (2007). *The Institutional Economics of Corruption and Reform — Theory, Evidence, and Policy*: Cambridge University Press.

Lederman, D., Loayza, N., & Soares, R. R. (2001). Accountability and Corruption, Political Institutions Matter.

Li, H., Xu, L. C., & Zou, H.-f. (2000). Corruption, Income Distribution and Growth. *Economics and Politics, V. 12* (No. 2), 42.

Mauro, P. (1995). Corruption and Growth. *The Quarterly Journal of Economics — MIT Press, 110, No.3 (Aug., 1995)*, pp. 681–712.

Mauro, P. (1997). The Effects of Corruption on Growth, Investment, and Government Expenditure: A Cross-Country Analysis. *Institute for International Economics*, 25.

McNair, D., Kraus, J., McKiernan, K., McKay, S., Blampied, C., Kohonen, M., Robinson, L. (2014). Trillion Dollar Scandal. In S. Harcourt (Ed.), (p. 32): ONE.

Miniter, R. (2011). Why Is The U.N. In The War-Making Business? *Forbes Magazine*.

Mo, P. H. (2001). Corruption and Economic Growth. *Journal of Comparative Economics*, 29, 66–79. doi: 10.1006/jcec.2000.1703.

Mocan, N. (2004). What Determines Corruption? International Evidence from Micro Data. *National Bureau of Economic Research*.

Muggah, R. (2012). *Researching the Urban Dilema: Urbanization, Poverty and Violence*: IDRC.

Nordstrom, C. (2004). *Shadows of War: Violence, Power and International Profiteering in the Twenty-First Century*: University of California Press.

Rose-Ackerman, S. (1978). *Corruption: A Study of Political Economy*. New York: Academic Press.

Rose-Ackerman, S. (1999). *Corruption and government : causes, consequences, and reform*. Cambridge: Cambridge Unversity Press.

Rose-Ackerman, S. (2007). Judicial independence and corruption *Global Corruption Report 2007 — Corruption in Judicial Systems* (pp. 15–25): Transparency International.

Sapienza, P. (2004). The effects of government ownership on bank lending. *Journal of Financial Economy*, 72, 357–84.

Schneider, F., & Enste, D. (2000). Shadow Economies: Size, Causes, and Consequences *Journal of Economic Literature, Volume XXXVIII*, pp. 77–114.

Sood, P. (2014). Money Laudering Hinders the Fight to End Poverty. *The Huffington Post*. Retrieved from http://www.huffingtonpost.ca/priya-sood/money--laundering-charity_b_5750074.html?utm_hp_ref=tw accessed on Oct. 20, 2014.

Søreide, T. (2005). *Is it Right to Rank? Limitations, implications and potential improvements of corruption indices*. Paper presented at the IV Global Forum on Fighting Corruption, Brasilia, Brazil.

Sterman, J. D. (2000). *Business Dynamics, Systems Thinking and Modelling for a Complex World*: Irwin McGraw-Hill.

Svensson, J. (2005). Eight Questions about Corruption. *Journal of Economic Perspectives, Volume 19* (3), pp. 19–42.

Tanzi, V. (1995). *"Corruption: arm's-length relationships and markets," in Economicsof Organized Crime*. Cambridge, England: Cambridge University Press.

Tanzi, V., & Davoodi, H. (1997). Corruption, Public Investment, and Growth. *IMF Working Paper 97/139*, 23.

Tanzi, V., & Davoodi, H. (2000). Corruption, Growth, and Public Finances. In I. W. P. N. 00/182 (Ed.), (pp. 1–27).

TransparencyInternational. (2007). Corruption in Judicial Systems. London.

Treisman, D. (2000). The causes of corruption: a cross-national study. *Journal of Public Economics*, pp.399–457, 59.

Ullah, M. A. (2012). *Enhancing the Understanding of Corruption through System Dynamics Modelling: A Case Study Analysis of Pakistan.* (Doctor of Philosophy), The University of Auckland, Auckland, New Zeland.

Weyland, K. (2001). Clarifying a Contested Concept: Populism in the Study of Latin American Politics. *Comparative Politics, Volume 34*, 1–22.

Yalcin, E., & Damania, R. (2005). Corruption and Political Competition. *Mimeo*.

Índice

50 recomendações de políticas e reformas 87–100

A

Abuso de poder xv, 7, 76
Accountability 8, 54, 120, 167, 169
Accountability institucional 32
Acumulação em dinâmica
    de sistemas 4
Administração da massa 118–164
Antropologia da Corrupção 7
Aposentadoria 76
Arbitrariedade 76, 118
Assistencialismo 9, 48

B

BACEN 120–164
Banco do Brasil 105, 108–111, 113,
    116–117
Banco Interamericano de Desenvolvimento xxiii
Banco Itaú 108
Banco Mundial 1
Banco Santos 105–164
BNDES 48, 53, 67, 108, 142–143, 154

C

Câmbio negro 73, 78
Capital cívico 10
    investimento em 10
Capital social 10–14
Carga tributária 75
"Carona gratuita" 10
Caso da Encol 105–164
Caso do Banco Santos 105–164
Causas da corrupção 58
Células sociais xiv
Círculos de Reforço e Balanceamento 23–26
Cleptocracia xiii, 38, 60
Cleptocrata 102
Coeficiente Gini 42–43, 72
Colapso de Wall Street ix
Colônia portuguesa 3
Combate à corrupção 85–100
Concessões 52, 56
Congresso 38, 54, 60, 110
Constituição de 1988 x
Contrabando 38
Contravenção 38, 69, 73
Coronelismo 60

170 Corrupção – O mal do século

"Corrida para o fundo" 50
Corrupção x–xxxii, 1, 7, 33–84, 86–100, 103, 119
  destrói o bem-estar 3
  no Brasil xvi, 2
  setor público 33
CPI da Encol 110, 116
Cracolândia xiv
Crescimento econômico 42–84
Crime financeiro 15
  caixa 2 15
  fraude 15
  lavagem de dinheiro 15
Crimes
  de corrupção xv
  falimentares 131, 140, 146
Crise
  institucional 62, 66
  moral xv
Cronyism 2
Cultura do assistencialismo 46
"Custo do Favor" 11
"Custos Psíquicos" 11

D

Delação premiada 62, 91
Desemprego 44, 76
Desvio de recursos 60
Diagrama
  de Círculos de Causalidade 7, 21–26
  de Estoques e Fluxos 22–26
Dilma Rousseff 18, 38, 47–48, 50, 57, 62, 108
Dinâmica
  da corrupção xix
  de sistemas 2, 22–26
Doleiro 119

E

EBX 53, 106
Economia informal 31–32, 38–40, 69, 73–76, 78
Economia subterrânea. *Veja* Economia informal
Edemar Cid Ferreira 107, 121, 132
Efetividade do Governo 59
Eficiência regulatória 32
Empreiteiras 50, 51
ENCCLA 119
Encol 105–106, 108–117
Epidemia da corrupção 2
Era Lula–Dilma 17
Era Lulopetista 3
Esquema pirâmide 107
Esquema Ponzi. *Veja* Esquema pirâmide
Esquemas de corrupção xv
Evasão fiscal x, 38, 79
Exclusão social 44

F

Falta de infraestrutura 44
Foro privilegiado 51, 55, 60, 82
Fraude 103
Fraudes na contratação de serviços públicos 60
Fundo Monetário Internacional xxiii
Fundos de pensão 48, 53, 106–164

G

Governança 35, 58, 64, 70, 131, 146
Governo Collor 3
Grande Corrupção ix–xxxii
Grau de qualidade institucional e de governança 58

H

Habeas corpus 63

I

Ideologia comunista lulocastrista 38
Impeachment 38, 48, 50, 62
Impeachment de Dilma 20
Império da lei 61
Impostos 31–32, 38–40, 59, 69, 73, 75, 78, 81, 135
Impostos indiretos 78
Impunidade 51, 55, 60, 62, 82, 87, 105, 107, 119
Índice 15–20
  de corrupção 15
  WGI 16
Informalidade 38, 73–79
Injustiça 105–164
Instabilidade política 42–84
Investimentos
  podres 50
  privado 101–102
  público 101–102

J

JBS 53, 62, 106
John Sterman 32
Jorge Queiroz 130, 164
Justiça 46, 51, 55, 60, 63, 76, 82, 107, 108, 117, 119–120, 123
Justiça social 76

L

Lavagem de dinheiro 38, 80–81, 121
Ligações/Conexões e Polaridade 23–26
Lobby 31

Lobbying 49
Luiz Inácio Lula da Silva (Lula) 18
Lula 38, 46–48, 50, 62, 108
Luta contra a corrupção xix
Luxleaks 80–81

M

Mal do Século ix
Manipulação pela Mídia 13
Mensalão ix, 4, 48, 62
Mercado de câmbio negro 32
Mercadoria roubada 38

N

Narcotráfico 38
Nepotismo 49
Níveis de desigualdade xiii
Número de impostos 69

O

OECD 4
Operação Lava Jato ix–xxxii, 4, 46, 48, 50, 62, 86
Operações ilícitas 81, 119
Organização criminosa 67

P

Panama Papers 80
"Pão e circo" 20, 46, 47
Paradise Papers 80
Paraísos financeiros 79, 81, 121
Partido dos Trabalhadores (PT) 19
Patologia
  amoral 7
  da Corrupção 7
  política 7

Pedaladas. *Veja* Esquema pirâmide
Per capita
  PIB 41
  renda 41–84
Período de redemocratização 69
Petrobras 48, 50–52, 57
Petrolão 4, 51, 55, 57, 62, 108
PIB x, 41
Pirâmide da Albânia 112
PISA 4
Pobreza 38, 41, 43, 48
Política de "captação" 112
Populismo 31, 32, 38, 45, 46, 47
Prescrição 63
Previdência social x
Propina 7
  corrupto 7
  corruptor 7

Q

Qualidade
  das instituições 32, 33, 35, 54, 58, 66,
    69, 81, 82, 101
  de Controle da Corrupção 59
  do Império da Lei 59
  do Peso Regulatório 59

R

Reforma Constitucional do
    Brasil xv
Reforma da Lei de Falências xv
Regime militar 3
Regime populista lulocastrista 46
Relação entre corrupção e desenvolvi-
    mento econômico 70

S

Segregação de funções 57
Sindicatos 47, 67, 108
Síndrome da corrupção no
    Brasil xvi
Sistema 120–164
  eleitoral 32, 102
  financeiro 120
  judicial 120
STF 51, 55, 61, 62, 82
Suborno 7, 8, 49, 88, 116
Subtipos de Corrupção 7
Superfaturamento 60
Swissleaks 80

T

Tamanho do setor público 32
Tráfico de drogas e armas 44
Tráfico de influência 32, 35
Traição da Nação 93
Transparency International 70, 75, 79,
    169
Três poderes 3, 55, 60, 67

CONHEÇA OUTROS LIVROS DA ALTA BOOKS!

Negócios - Nacionais - Comunicação - Guias de Viagem - Interesse Geral - Informática - Idiomas

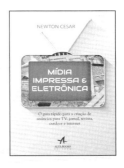

Todas as imagens são meramente ilustrativas.

SEJA AUTOR DA ALTA BOOKS!

Envie a sua proposta para: autoria@altabooks.com.br

Visite também nosso site e nossas redes sociais para conhecer lançamentos e futuras publicações!
www.altabooks.com.br

/altabooks ▪ /altabooks ▪ /alta_books

ALTA BOOKS
EDITORA